LES DROITS ET DEVOIRS DES ENFANTS DANS LA SOCIÉTÉ (DDES)

N'Doumbé TOUNKARA

LES DROITS ET DEVOIRS DES ENFANTS DANS LA SOCIÉTÉ (DDES)

L'Harmattan
Mali

ACI2000 Bamako - Immeuble Jean-Marie CISSE
Bureau 10 - Tél.: +223 76 43 00 66 /+223 66 89 33 72
www.harmattanmali.com

Couverture et mise en page : Coco Joyce

ISBN : 978-2-336-55061-9
EAN : 9782336550619

Remerciements

Je tiens à exprimer toute ma gratitude envers ma famille à savoir mon papa (Demba Diango TOUNKARA), ma maman (Fatoumata SIDIBÉ) ainsi que mes deux petites sœurs Tima et Mamou pour leur amour et encouragements, qui ont été ma source de motivation tout au long de ce travail.

Je remercie également le parlement des enfants et l'ensemble des partenaires qui font la promotion du droit des enfants tels que l'UNICEF, SAVE THE CHILDREN, RIGHT TO PLAY, Plan International, l'Organisation Internationale du Travail (OIT) et les initiatives du Ministère de la Promotion de la Femme de l'Enfant et de la Famille du Mali, etc., qui m'ont formé en nourrissant ma réflexion par leurs conseils, leurs enseignements ou simplement par leurs actions inspirantes.

Dédicace :

Je dédie ce livre à tous les enfants du monde entier, avec l'espoir qu'ils grandissent en accomplissant leurs devoirs dans un monde de protection de leurs droits.

PLAN DU LIVRE :

Chapitre 1 : Comprendre les droits de l'enfant
Ce chapitre explique ce que sont les droits de l'enfant, leur importance, et comment ils sont reconnus au niveau international pour protéger la dignité et le bien-être des enfants.

Chapitre 2 : Les devoirs de l'enfant envers la société
Ce chapitre fait une présentation des devoirs de l'enfant, notamment envers sa famille, ses enseignants et la société, et l'importance du respect et de la reconnaissance des adultes responsables.

Chapitre 3 : le droit à l'éducation et devoir d'apprendre
Explication du droit à l'éducation et du devoir de chaque enfant d'aller à l'école et de s'engager activement dans son apprentissage.

Chapitre 4 : Le Droits à la protection et devoir de respecter les lois
Focus sur le droit de l'enfant à être protégé des dangers et le devoir de respecter les lois, comme le code de la route et les règlements de l'école.

Chapitre 5 : Le respect des autres et de leurs droits
Ce chapitre explore l'importance pour les enfants de respecter les droits des autres, y compris le droit à la parole et à la dignité, que ce soit à l'école, à la maison ou dans la rue.

Chapitre 6 : Le rôle des parents dans la défense des droits des enfants
Sensibilisation des parents sur leur rôle crucial pour s'assurer que les droits de l'enfant sont respectés, et comment ils peuvent être des modèles de comportement.

Chapitre 7 : Organisations et institutions qui protègent les droits des enfants
Un aperçu des organisations, comme le Parlement des Enfants, et leur rôle dans la promotion et la défense des droits des enfants.

Chapitre 8 : Droits et devoirs à la maison : l'importance de contribuer
Ce chapitre met l'accent sur l'importance pour les enfants de participer à la vie familiale, en aidant leurs parents dans certaines tâches, tout en respectant les règles de la maison.

Chapitre 9 : Équilibre entre droits et devoirs pour un épanouissement complet
L'importance pour les enfants de comprendre que jouir de leurs droits va de pair avec la responsabilité d'accomplir leurs devoirs, pour favoriser leur développement et épanouissement.

Chapitre 10 : Les défis de la protection des droits de l'enfant dans certaines sociétés
Ce chapitre aborde les réalités dans certaines sociétés où les droits des enfants ne sont pas toujours bien respectés, et les actions à entreprendre pour les améliorer.

Chapitre 11 : Guide pratique pour les parents : comment protéger les droits des enfants et le rôle de l'éducation parentale dans l'épanouissement des enfants.
Ce chapitre est un guide destiné aux parents, leur donnant des conseils sur la manière de respecter et de promouvoir les droits de leurs enfants au quotidien.
Et explore comment l'éducation que les parents offrent à leurs enfants peut les aider à mieux comprendre leurs droits et devoirs et à grandir dans un environnement sain.

Chapitre 12 : Les droits des enfants dans la vie quotidienne

Une explication simple des droits que les enfants exercent au quotidien : jouer, apprendre, être protégés, et comment ils peuvent en être conscients.

Chapitre 13 : La collaboration entre enfants et parents pour une meilleure société

L'importance de la communication et de la collaboration entre enfants et parents pour construire une société plus respectueuse des droits de chacun.

Chapitre 14 : Quelques dates importantes pour les journées internationales dédiées aux droits de l'enfant.

Chapitre 15 : Éduquer à la citoyenneté dès l'enfance

Ce chapitre met en avant comment les enfants, en respectant leurs devoirs et droits, peuvent devenir des citoyens responsables dès leur jeune âge.

Introduction

J'ai écrit ce livre avec une profonde conviction que les enfants, en tant que piliers de la société future, méritent de comprendre dès leur plus jeune âge l'importance de leurs droits et devoirs.

A travers mes années d'apprentissage à l'école « Aimée » et au Lycée Prosper Kamara « LPK », mais surtout de mon passage au Parlement des Enfants du Mali, j'ai compris qu'il est crucial que nous, enfants, soyons non seulement conscients de ce qui nous est dû, mais aussi de ce que nous devons offrir à notre communauté. J'ai souvent observé que trop d'enfants et adolescents grandissent en étant mal informés sur leurs droits, et encore plus sur leurs responsabilités en tant que membres actifs de la société.

Les parents, éducateurs, ou citoyens engagés, ont tous la responsabilité de contribuer à la formation d'enfants conscients ou non de leurs rôles et droits, tant sur le plan individuel que collectif. Pourtant, dans un monde en perpétuel changement, où les valeurs sociales et morales évoluent parfois rapidement, il est facile de négliger cet aspect fondamental du développement des enfants.

Les droits de l'enfant ne sont pas qu'un concept théorique inscrit dans des traités ou des conventions internationales. Ils sont une réalité tangible, quotidienne, qui façonne le bien-être de chaque enfant et influence son avenir. Toutefois, ces droits ne doivent pas être dissociés de l'idée des devoirs. Il est impératif que les enfants, dès leur plus jeune âge, comprennent que leurs droits s'accompagnent de responsabilités envers leurs parents, leur communauté, et la société tout entière.

J'ai écrit ce livre pour combler un vide. Trop souvent, nous abordons les droits des enfants comme une obligation morale et juridique, sans leur inculquer simultanément les devoirs qui leur incombent. Ce livre vise à équilibrer ces deux facettes essentielles : les droits, qui protègent et encouragent les enfants à s'épanouir, et les devoirs, qui leur permettent de contribuer positivement à la société. En tant que guide, il s'adresse aussi bien aux enfants qu'aux parents, en mettant l'accent sur une approche participative et éducative.

Un contenu riche pour une meilleure sensibilisation

Le contenu de ce livre a été structuré de manière à offrir une vue d'ensemble à la fois claire et engageante sur les droits et devoirs des enfants. Chaque chapitre est conçu pour être compréhensible et accessible à un large public, qu'il s'agisse des plus jeunes ou des adultes qui les encadrent. Le but n'est pas seulement d'énumérer des lois ou des règles, mais d'expliquer de manière vivante et concrète comment ces droits et devoirs peuvent être appliqués dans la vie de tous les jours.

Nous commençons par explorer la signification des droits de l'enfant, en illustrant comment ces droits, bien que parfois abstraits, sont en réalité un cadre essentiel pour leur bien-être. Ils ne sont pas simplement un luxe ou une option ; ils sont cruciaux pour permettre aux enfants de grandir dans un environnement sûr, respectueux et favorable à leur développement. Il ne s'agit pas ici de livrer un discours purement juridique ou académique, mais de rendre les droits de l'enfant tangibles et compréhensibles à travers des exemples de la vie quotidienne.

Mais nous n'oublions pas l'autre facette de la médaille : les devoirs. Si les enfants ont des droits, ils ont aussi des responsabilités envers leurs parents, leurs enseignants, leurs camarades et la société. Un enfant éduqué dans cette double conscience – celle de ses droits et celle de ses devoirs – est un enfant prêt à contribuer activement à un monde meilleur. Nous montrons ainsi aux enfants qu'en participant aux tâches de la maison, en respectant les règles à l'école ou en prenant soin de l'environnement, ils deviennent des citoyens responsables et engagés.

L'un des axes majeurs de ce livre est l'éducation, non seulement comme droit fondamental, mais aussi comme devoir de s'investir activement dans l'apprentissage. L'éducation est la clé qui ouvre tant de portes, et il est essentiel que chaque enfant prenne conscience de l'importance de s'y engager pleinement. Ce guide met en lumière le rôle que jouent les parents et les enseignants dans cette mission, en veillant à ce que chaque enfant soit non seulement encouragé, mais aussi soutenu tout au long de son parcours scolaire.

Le respect des lois est un autre élément fondamental qui traverse ce livre. Que ce soit dans le cadre des règles de l'école ou des lois plus larges de la société, les enfants apprennent à évoluer dans un cadre structuré et harmonieux. Nous les aidons à comprendre que le respect des lois n'est pas seulement une obligation légale, mais une manière de contribuer à une société plus équitable et plus juste.

De plus, ce livre explore des thématiques cruciales comme le respect des autres et la tolérance. Les enfants doivent comprendre que la jouissance de leurs droits ne doit jamais empiéter sur ceux des autres, comme nous le disons bien dans nos cours d'éducation civique et morale « *Ma liberté s'arrête là où commence celle des autres* ».

Chaque individu, qu'il soit enfant ou adulte, a des droits, et le respect mutuel est essentiel pour construire une société harmonieuse. J'encourage les jeunes lecteurs à adopter une attitude de bienveillance et de respect envers leurs pairs, les adultes et l'ensemble de la communauté.

Au-delà des droits et devoirs individuels, ce guide plonge dans la question du rôle des parents et des éducateurs dans la protection des droits de l'enfant. Les parents sont les premiers garants de ces droits et leur influence est déterminante dans la manière dont les enfants perçoivent et vivent leurs propres responsabilités. Ce livre fournit aux parents des outils concrets pour renforcer la sensibilisation de leurs enfants, tout en les guidant à devenir des exemples inspirants de comportement responsable.

Enfin, cet ouvrage propose un regard approfondi sur les défis que rencontrent les droits de l'enfant dans certaines sociétés, notamment celles où les conditions socio-économiques ou culturelles ne permettent pas toujours un respect optimal de ces droits. Il est essentiel de comprendre les obstacles qui subsistent et d'envisager des solutions pratiques pour y remédier. Nous mettons en lumière le rôle crucial des organisations et des institutions qui œuvrent pour la protection des enfants, en offrant aux parents et aux éducateurs des ressources pour mieux comprendre comment ils peuvent s'impliquer.

Une invitation à poursuivre la lecture

Ce livre n'est pas seulement un guide. C'est une invitation à la réflexion, à l'action, et à l'engagement. En plongeant dans ces pages, parents et enfants apprendront non seulement à mieux comprendre leurs droits et leurs devoirs, mais aussi à renforcer leurs liens familiaux et sociaux. L'idée est d'ouvrir un dialogue intergénérationnel, où chaque membre de la famille peut partager ses réflexions, ses expériences et ses idées pour construire ensemble un environnement plus harmonieux.

Chaque chapitre a été pensé pour être à la fois éducatif et engageant. Que vous soyez parent ou enfant, ce livre a été conçu pour que vous en ressortiez plus conscients de votre rôle dans la société. Il ne s'agit pas d'un simple manuel, mais d'un outil qui vous permettra de réfléchir, d'agir et de contribuer activement à la protection et au développement des enfants, qui sont, après tout, l'avenir de notre monde.

En poursuivant la lecture, vous découvrirez comment les droits et les devoirs sont intimement liés, et comment les respecter mène non seulement à un épanouissement individuel, mais aussi à un progrès collectif.

Chapitre 1 :
Comprendre les droits de l'enfant

Les droits de l'enfant constituent un sujet d'une importance capitale dans la société actuelle. Pourtant, il est parfois difficile pour les enfants, et même pour les parents, de comprendre pleinement ce que ces droits signifient et pourquoi ils sont si cruciaux. Ce chapitre vise à offrir une compréhension claire, accessible et engageante des droits de l'enfant, leur portée et leur raison d'être. Il s'agit d'un guide qui, tout en sensibilisant, cherche à inspirer le respect et la reconnaissance de ces droits dans chaque foyer, à l'école et dans la société en général.

Les droits de l'enfant sont bien plus qu'un ensemble de principes inscrits dans des documents juridiques ou des conventions internationales. Ils sont un outil fondamental pour protéger la dignité, le bien-être, et l'avenir des enfants dans le monde entier. Ils englobent des aspects aussi variés que le droit à l'éducation, à la protection, à la santé et à la participation à des décisions qui concernent leur vie.

Qu'est-ce que les droits de l'enfant ?

Les droits de l'enfant sont une série de protections spécifiques conçues pour garantir que tous les enfants, peu importe où ils vivent, puissent grandir dans un environnement sûr, sain et respectueux de leur dignité humaine. La base légale la plus connue pour ces droits est la **Convention relative aux droits de l'enfant (CDE)**, adoptée par l'Assemblée générale des Nations Unies en 1989. Ce document établit clairement les droits des enfants dans le monde entier et a été ratifié par presque tous les pays.

Ces droits reposent sur quatre principes fondamentaux : la non-discrimination, l'intérêt supérieur de l'enfant, le droit à la survie et au développement, et le respect des opinions de l'enfant. En d'autres termes, chaque enfant a droit à un traitement égal, doit être protégé dans toutes les situations, a droit à des conditions favorables à son développement physique et émotionnel, et doit pouvoir exprimer ses opinions librement.

Ces principes ne sont pas simplement des idéaux théoriques. Ils sont conçus pour assurer que tous les enfants, peu importe leur origine, leur race, leur genre, leur condition physique ou leur statut social, puissent bénéficier des mêmes opportunités de développement. Pour les parents, il est essentiel de comprendre ces principes afin de s'assurer que les besoins de leurs enfants sont respectés et protégés.

Pourquoi les droits de l'enfant sont-ils si importants ?

Les enfants sont particulièrement vulnérables. Contrairement aux adultes, ils ne disposent pas toujours des outils ou des moyens nécessaires pour défendre leurs propres intérêts. C'est pourquoi la reconnaissance et la protection de leurs droits sont si vitales. Lorsqu'un enfant se voit refuser un droit fondamental, que ce soit le droit d'aller à l'école, de jouer, d'être protégé contre les mauvais traitements ou de vivre dans un environnement familial sûr, cela peut avoir des conséquences graves et durables sur son bien-être et son avenir.

Les droits de l'enfant sont importants pour plusieurs raisons :

Protéger les plus vulnérables : Les enfants, en raison de leur âge et de leur dépendance vis-à-vis des adultes, sont parmi les membres les plus vulnérables de la société. Ils sont exposés à plusieurs risques tels que la violence, l'exploitation, les abus et la négligence. Les droits de l'enfant sont là pour s'assurer que les enfants ne soient pas traités de manière injuste ou cruelle.

Assurer un développement harmonieux : Les enfants ne sont pas des adultes en miniature. Ils ont des besoins physiques, émotionnels, et éducatifs spécifiques. Un enfant qui n'a pas accès à une nutrition adéquate, à une éducation de qualité, ou à un environnement familial stable et aimant aura des difficultés à se développer pleinement dans la société. Les droits de l'enfant garantissent que ces besoins essentiels sont satisfaits pour permettre aux enfants de devenir des adultes responsables, en bonne santé et heureux.

Encourager la participation des enfants : Un aspect souvent négligé des droits de l'enfant est leur droit à exprimer leurs opinions et à être entendus dans les décisions qui affectent leur vie. Les enfants doivent savoir qu'eux aussi, ont le droit à la liberté d'expression et que leurs avis sur les prises de décisions les concernant sont tout autant important. Car souvent ils sont les mieux placés pour expliquer les situations par lesquelles ils font face.

Cela leur permet également de développer leur sens de la responsabilité et leur confiance en eux. De plus, en écoutant les enfants, nous leur apprenons à respecter les opinions des autres, un principe fondamental pour vivre en société.

Comment les droits des enfants sont-ils reconnus à l'international ?

La reconnaissance des droits de l'enfant au niveau international est relativement récente, mais elle a marqué un tournant décisif dans la manière dont les enfants sont perçus et traités dans la société. Avant le XXe siècle, les enfants étaient souvent considérés comme des biens appartenant à leurs parents ou des membres invisibles de la société, sans voix ni droits spécifiques. Cependant, avec l'adoption de la Convention relative aux droits de l'enfant en 1989, le monde a reconnu que les enfants sont des individus à part entière, méritant respect et protection.

La **Convention relative aux droits de l'enfant** est un traité international qui énonce les droits de tous les enfants dans le monde. Elle définit non seulement les droits des enfants, mais également les responsabilités des gouvernements, des parents et des sociétés pour garantir que ces droits soient respectés. Il existe plusieurs autres accords internationaux, tels que la **Déclaration des droits de l'enfant** de 1959, qui ont également contribué à l'évolution des mentalités concernant les enfants.

Chaque pays qui a ratifié la Convention s'engage à mettre en œuvre des lois, des politiques et des programmes pour protéger les droits des enfants. Cela signifie que les gouvernements doivent non seulement adopter des lois qui protègent les enfants, mais aussi veiller à ce que les enfants aient accès à une éducation de qualité, à des soins de santé, et à un environnement sûr pour grandir. Toutefois, la responsabilité de protéger ces droits ne repose pas uniquement sur les gouvernements. Les parents, les enseignants et la société dans son ensemble ont aussi un rôle crucial à jouer.

Les droits de l'enfant au quotidien

Comprendre les droits de l'enfant, c'est aussi comprendre comment ils s'appliquent dans la vie quotidienne. Pour les enfants, les droits peuvent sembler abstraits, voire éloignés de leurs expériences réelles. C'est là que les parents et les éducateurs interviennent pour rendre ces concepts concrets et pertinents.

Prenons par exemple le **droit à l'éducation**. Ce n'est pas seulement un droit d'aller à l'école ; c'est aussi un droit d'apprendre dans un environnement sûr et stimulant, où l'enfant est respecté et encouragé. Les parents et les enseignants doivent s'assurer que les enfants non seulement fréquentent l'école, mais qu'ils sont également soutenus dans leur apprentissage. Cela inclut l'accès aux livres, à une alimentation saine pour rester concentré, et à des moments de détente pour favoriser un équilibre.

Le **droit à la protection** est tout aussi fondamental. Les enfants ont le droit d'être protégés contre les abus, les violences, et l'exploitation. Il est crucial que les parents comprennent que les formes de violence, qu'elles soient physiques ou verbales, peuvent avoir des effets dévastateurs sur le développement d'un enfant.

Un autre aspect clé des droits de l'enfant est leur **droit à l'expression**. Cela signifie que les enfants doivent avoir la possibilité d'exprimer leurs opinions sur les décisions qui les concernent, que ce soit à la maison ou à l'école. Bien sûr, cela ne signifie pas que les enfants peuvent tout décider, mais ils doivent être écoutés et pris en compte dans les discussions qui affectent leur vie. Par exemple, lorsque des décisions sont prises concernant leur éducation, leur santé ou même des questions quotidiennes comme les activités familiales, il est important de les inclure dans le processus. Cela les aide à développer leur autonomie et à comprendre que leur voix compte.

Le **droit à la santé** fait également partie du bien-être de l'enfant. Les enfants doivent avoir accès à des soins de santé appropriés, à une alimentation équilibrée, et à des conditions de vie qui favorisent leur développement physique et mental. Les parents, en tant que premiers responsables de la santé de leurs enfants, doivent s'assurer que ces besoins sont satisfaits. Cela inclut des visites régulières chez le médecin, des vaccinations appropriées, un environnement propre et des habitudes alimentaires saines.

Le droit de vivre,

Enfin, il est essentiel de rappeler que les droits de l'enfant sont universels, mais qu'ils peuvent être influencés par des facteurs culturels et socio-économiques. Tout enfant peu importe ses conditions physiques ou psychologiques a pleinement le droit de vivre. Les parents et les éducateurs doivent être conscients des défis particuliers auxquels les enfants peuvent être confrontés dans leur environnement. Par exemple, dans certaines régions, les enfants peuvent ne pas avoir accès à une éducation de qualité ou être exposés à des formes de travail infantile.

Chapitre 2 :
Les devoirs de l'enfant envers la société

Dans toute société, les droits des individus sont souvent accompagnés de devoirs qui garantissent un équilibre harmonieux entre les libertés personnelles et les responsabilités collectives. Il en va de même pour les enfants. Si les droits de l'enfant protègent leur bien-être et leur épanouissement, les devoirs les préparent à devenir des citoyens responsables, respectueux et engagés. Ce chapitre met en lumière les devoirs essentiels des enfants envers leur famille, leurs enseignants et la société, tout en insistant sur l'importance du respect et de la reconnaissance envers les adultes responsables.

Comprendre les devoirs de l'enfant : Un apprentissage de la responsabilité

Tout comme les adultes, les enfants ont des responsabilités envers la communauté dans laquelle ils vivent. Ces responsabilités, ou devoirs, ne sont pas des obligations imposées de manière arbitraire. Au contraire, elles sont conçues pour encourager les enfants à contribuer positivement à leur environnement familial, scolaire et social. Les devoirs des enfants les aident à développer un sens de la discipline, du respect et de la solidarité, autant de qualités indispensables pour leur futur rôle de citoyen.

L'un des premiers devoirs d'un enfant est celui d'apprendre à reconnaître et à respecter les figures d'autorité légitimes qui l'entourent, telles que ses parents, ses enseignants, et les membres de sa communauté. Cet apprentissage du respect envers les adultes ne signifie pas une obéissance aveugle, mais plutôt une reconnaissance des rôles et des responsabilités que ces adultes jouent dans leur vie.

En réalisant leurs devoirs, les enfants apprennent progressivement à être responsables, non seulement de leur propre comportement, mais aussi de leur contribution à la société. Les parents et les éducateurs doivent encourager ce processus, en veillant à ce que chaque enfant comprenne que ses actions ont un impact sur son environnement, et que respecter ses devoirs est un moyen d'aider à construire une société plus juste et harmonieuse.

Les devoirs envers la famille : Une base solide pour la vie

Le premier espace de vie de l’enfant est la famille. C’est au sein de ce noyau que l’enfant fait ses premiers apprentissages sociaux et émotionnels, et qu’il commence à comprendre l’importance de la collaboration et du respect mutuel. Les devoirs des enfants envers leur famille sont fondamentaux, car c'est à travers les interactions familiales qu'ils commencent à apprendre les valeurs qui guideront leur vie future.

L'un des devoirs majeurs d'un enfant envers sa famille est de contribuer à la vie quotidienne. Cela peut se manifester de diverses manières, adaptées à l'âge et aux capacités de l'enfant. Par exemple, aider à ranger ses jouets, à mettre la table, ou à garder sa chambre propre sont des tâches simples qui enseignent l’importance de participer activement aux tâches familiales. Ces actions renforcent non seulement le sentiment d’appartenance de l’enfant à sa famille, mais elles lui apprennent également que chacun a un rôle à jouer pour maintenir un environnement de vie harmonieux.

De plus, un autre devoir important est celui de **respecter ses parents**. Ce respect ne se limite pas seulement à l'obéissance aux règles familiales, mais inclut également la reconnaissance des efforts que font les parents pour assurer le bien-être de leurs enfants. Les parents fournissent un toit, de la nourriture, de l'affection et de l'éducation ; en retour, les enfants doivent manifester leur gratitude en étant respectueux, polis et en coopérant avec les membres de leur famille.

Ce devoir s'étend aussi à l'écoute et à l'attention que l'enfant doit porter à ses parents.

Les devoirs envers les enseignants : Le respect dans le cadre de l'apprentissage

L'école est un autre lieu où les enfants apprennent à assumer des responsabilités ou autrement dit un autre lieu où l'enfant est éduqué. Les enseignants jouent un rôle central dans l'éducation et le développement des enfants. Ils ne se contentent pas de transmettre des connaissances ; ils contribuent également à façonner le comportement social et moral des enfants. En tant que tels, les enfants ont des devoirs envers leurs enseignants qui sont essentiels à leur propre réussite et à celle de leurs camarades.

Le premier devoir d'un enfant envers ses enseignants est **le respect de l'autorité éducative**. Cela signifie écouter attentivement en classe, suivre les consignes données, et adopter une attitude coopérative et respectueuse envers le professeur tel qu'il est. Le respect envers les enseignants passe également par le respect des règles de l'école, comme arriver à l'heure, terminer ses devoirs, ne pas nuire intentionnellement aux objets appartenant à l'école et participer activement aux cours.

Ce respect de l'autorité n'est pas synonyme de soumission, mais il est nécessaire pour créer un climat d'apprentissage propice à la concentration et au développement intellectuel. Un enfant qui respecte son enseignant est un enfant qui reconnaît l'importance de l'éducation et du savoir dans sa vie future. En outre, cela permet de renforcer une relation positive entre l'enfant et son enseignant, fondée sur la confiance et le respect mutuel.

Un autre devoir important envers l'école est **la responsabilité de son propre apprentissage**. L'enfant doit comprendre qu'aller à l'école est un privilège et une opportunité d'apprendre et de grandir. Il est donc de sa responsabilité de s'engager activement dans son apprentissage, de faire de son mieux pour comprendre les leçons, poser des questions lorsqu'il ne comprend pas, et persévérer face aux difficultés

Les devoirs envers la société : Devenir un citoyen responsable

En grandissant, les enfants commencent à interagir non seulement avec leur famille et leurs enseignants, mais aussi avec la société dans son ensemble. Ils sont entourés de voisins, de commerçants, d'institutions et de personnes qui jouent un rôle dans leur vie quotidienne. Les devoirs des enfants envers la société sont tout aussi cruciaux que ceux envers leur famille ou leurs enseignants. Ils apprennent que, tout comme ils ont des droits, ils ont également la responsabilité de contribuer à une société respectueuse et équitable.

Un des devoirs les plus fondamentaux d'un enfant envers la société est **le respect des lois et des règles**. Que ce soit en respectant le code de la route en tant que piéton, en suivant les règles de l'école, ou en étant courtois envers les adultes, l'enfant apprend que les règles ne sont pas là pour restreindre sa liberté, mais pour garantir le bien-être collectif. Les parents et les éducateurs doivent insister sur l'importance de ces règles, en expliquant qu'elles existent pour protéger tout le monde et assurer un environnement sûr et ordonné.

De plus, l'un des devoirs les plus nobles qu'un enfant puisse accomplir envers la société est **la protection de l'environnement**. Les enfants doivent être éduqués sur l'importance de prendre soin de la planète, que ce soit en organisant des journées de salubrités, en économisant l'eau, en jetant leurs déchets dans les poubelles appropriées, ou en participant à des initiatives communautaires telles que le nettoyage des parcs ou le recyclage. En inculquant ces valeurs écologiques dès le plus jeune âge, nous aidons à former des citoyens responsables et conscients de l'importance de préserver les ressources naturelles pour les générations futures.

La solidarité et l'entraide sont des valeurs que chaque enfant doit apprendre. Les enfants doivent être encouragés à aider leurs camarades, à prêter attention aux besoins des autres et à participer à des activités de groupe qui promeuvent la coopération et l'esprit d'équipe. En apprenant à être solidaires, les enfants deviennent des membres actifs et bienveillants de la société.

Le rôle des adultes dans l'accompagnement des devoirs de l'enfant

Si les enfants ont des devoirs envers leur famille, leurs enseignants et la société, il est important de se rappeler que ces devoirs ne se développent pas spontanément. Les parents, les enseignants, et les autres figures d'autorité jouent un rôle essentiel dans l'accompagnement des enfants pour qu'ils comprennent et respectent ces devoirs.

Les parents doivent fournir des exemples concrets de responsabilité, de respect et de coopération. Ils doivent encourager leurs enfants à participer activement à la vie familiale, tout en leur expliquant pourquoi il est important de contribuer. Les enseignants, quant à eux, doivent montrer que l’apprentissage est un processus participatif où chacun a un rôle à jouer.

Chapitre 3 :
Le droit à l'éducation et le devoir d'apprendre

L'éducation est l'un des droits fondamentaux de chaque enfant dans le monde. Elle est non seulement un levier essentiel pour le développement individuel, mais aussi un puissant vecteur de changement social, économique et culturel. À travers l'éducation, les enfants acquièrent les compétences et les connaissances nécessaires pour devenir des citoyens actifs et responsables, capables de participer au progrès de leur société. Ce chapitre explore en profondeur ce droit à l'éducation, son importance cruciale, ainsi que le devoir qui en découle : celui de s'engager activement dans son apprentissage.

Le droit à l'éducation : Un fondement pour l'avenir

Le droit à l'éducation est consacré dans plusieurs textes internationaux, notamment la **Convention relative aux droits de l'enfant**, qui reconnaît que chaque enfant a le droit de recevoir une éducation de qualité, gratuite et accessible. Ce droit est également protégé par l'Organisation des Nations Unies et défendu par des organisations comme **l'UNICEF** (Fonds des Nations Unies pour l'enfance), qui jouent un rôle clé dans la promotion de l'éducation des enfants à travers le monde.

L'UNICEF, en particulier, a longtemps travaillé pour garantir que tous les enfants, y compris ceux vivant dans les situations les plus difficiles, aient accès à une éducation. Dans les zones de conflits, les régions touchées par la pauvreté ou dans les sociétés où les normes culturelles ou sociales limitent l'accès à l'éducation pour certains groupes d'enfants, comme les filles, l'UNICEF œuvre inlassablement pour faire respecter ce droit.

Les enfants qui bénéficient d'une éducation de qualité sont mieux préparés à relever les défis de la vie, à trouver un emploi, à participer activement à leur communauté et à contribuer à la construction d'une société plus équitable.

Le devoir d'apprendre : L'engagement actif de l'enfant

Si les enfants ont le droit d'être éduqués, ils ont également le **devoir de s'engager activement dans leur apprentissage**. Ce devoir d'apprendre n'est pas une contrainte, mais une opportunité. Pour tirer le meilleur parti de leur éducation, les enfants doivent s'impliquer activement, poser des questions, explorer les sujets qui les intéressent, et faire preuve de persévérance face aux défis.

Apprendre est un devoir qui va bien au-delà de la simple fréquentation de l'école. Cela inclut la participation active en classe, l'accomplissement des devoirs, et le respect des enseignants et des camarades de classe. L'apprentissage n'est pas passif ; il exige des efforts et de la discipline. Les enfants doivent comprendre que ce qu'ils apprennent aujourd'hui leur sera utile demain, que ce soit pour décrocher un emploi, prendre des décisions éclairées ou contribuer positivement à la société.

Le rôle des parents dans ce processus est essentiel. Ils doivent encourager leurs enfants à être curieux, à aimer apprendre et à persévérer. Les parents peuvent aussi jouer un rôle en soutenant l'éducation à la maison, en créant un environnement propice à l'apprentissage, en s'impliquant dans la scolarité de leur enfant, et en collaborant avec les enseignants pour aider leur enfant à surmonter les obstacles. Le devoir d'apprendre est un partenariat entre l'enfant, les parents et l'école, chacun ayant un rôle crucial à jouer.

L'importance de l'éducation pour le développement global de l'enfant

L'éducation ne se limite pas à l'acquisition de connaissances académiques. Elle englobe le développement social, émotionnel, et moral de l'enfant. En allant à l'école, les enfants apprennent non seulement à lire, à écrire et à compter, mais aussi à interagir avec les autres, à résoudre des problèmes, à prendre des décisions éthiques, et à respecter les règles et les normes sociales.

Le droit à l'éducation vise donc à permettre à chaque enfant de développer tout son potentiel. En suivant des cours de mathématiques, de sciences, d'histoire, de langues et d'arts, les enfants acquièrent des compétences essentielles qui leur permettent de mieux comprendre le monde qui les entoure et d'y trouver leur place. Mais ce processus va plus loin. L'école leur offre un cadre pour exprimer leurs opinions, pour travailler en équipe et pour développer leur esprit critique. Ces compétences sont cruciales pour leur vie future, que ce soit dans le cadre professionnel ou personnel.

L'UNICEF et d'autres organisations internationales insistent sur le fait qu'une bonne éducation ne doit pas se limiter aux matières académiques classiques, mais doit aussi inclure des aspects liés à la santé, à la citoyenneté et au respect des droits humains. Cela permet de former des enfants bien équilibrés, conscients de leurs droits et responsabilités en tant que membres de la société.

Le rôle de l'UNICEF dans la promotion de l'éducation

L'UNICEF est l'un des acteurs principaux dans la promotion et la défense du droit à l'éducation. Avec des programmes présents dans plus de 190 pays et territoires, l'organisation s'efforce de garantir que chaque enfant puisse bénéficier d'une bonne éducation, peu importe son lieu de naissance ou ses conditions de vie.

Dans de nombreuses régions du monde, les enfants sont privés d'éducation en raison de la guerre, de la pauvreté, de la discrimination ou d'autres obstacles sociaux et économiques. L'UNICEF travaille sur le terrain pour éliminer ces barrières, en mettant en place des programmes qui ciblent les enfants les plus vulnérables, notamment ceux vivant dans des zones de conflit, les filles dans certaines régions du monde où l'accès à l'éducation est limité, et les enfants issus de minorités.

Les initiatives de l'UNICEF incluent la construction d'écoles, la fourniture de matériel éducatif, la formation des enseignants, et le plaidoyer auprès des gouvernements pour qu'ils investissent davantage dans l'éducation. L'organisation joue également un rôle clé dans les situations d'urgence, où elle assure la continuité de l'éducation même dans les camps de réfugiés ou dans les zones dévastées par des catastrophes naturelles.

L'UNICEF s'engage également à promouvoir l'éducation des filles, un aspect fondamental de son travail. Dans de nombreuses régions du monde, les filles continuent d'être privées d'éducation en raison de normes culturelles, de mariages précoces ou de tâches domestiques. L'organisation lutte activement pour l'égalité d'accès à l'éducation pour toutes les filles, en soulignant que l'éducation des filles est l'un des moyens les plus efficaces de briser le cycle de la pauvreté et d'améliorer la santé et le bien-être des familles et des communautés.

Chapitre 4 :
Droits à la protection et devoir de respecter les lois

La protection des enfants est un droit fondamental qui doit être garanti par toutes les sociétés. Les enfants, de par leur vulnérabilité, ont besoin d'être protégés des dangers qui les entourent, qu'ils soient physiques, émotionnels ou sociaux. En même temps, ils doivent apprendre à respecter les lois et les règles de la société pour grandir en tant que citoyens responsables. Ce chapitre aborde en profondeur le droit des enfants à être protégés et leur devoir de respecter les lois, tout en mettant en avant le rôle crucial des organisations comme l'UNICEF dans la défense de ces droits.

Le droit à la protection : Une nécessité pour chaque enfant

Chaque enfant a le droit d'être protégé des situations qui pourraient nuire à son développement, que ce soit sur le plan physique, mental ou émotionnel. Ce droit à la protection est inscrit dans la **Convention relative aux droits de l'enfant**, adoptée par les Nations Unies en 1989. Il s'agit de garantir que chaque enfant vive dans un environnement sûr, sans violence, exploitation, ni discrimination.

L'UNICEF, une organisation internationale de premier plan dans la protection des droits de l'enfant, joue un rôle crucial dans la mise en œuvre de ce droit. L'organisation se concentre particulièrement sur la protection des enfants dans les zones de conflit, les situations de crise humanitaire, ou encore dans les contextes où les systèmes de protection sociale sont fragiles ou inexistants. L'UNICEF collabore avec les gouvernements et les communautés pour renforcer les systèmes de protection de l'enfance, mettre en place des structures d'accueil pour les enfants vulnérables, et sensibiliser sur les dangers que peuvent rencontrer les enfants.

Les formes de protection sont multiples et couvrent un large éventail de situations. Les enfants doivent être protégés contre :

- **La violence physique et psychologique** : Cela inclut les abus à la maison, à l'école ou dans les lieux publics. La violence peut prendre diverses formes, de la maltraitance physique à l'intimidation verbale. Les enfants ont besoin de vivre dans un environnement où ils se sentent en sécurité, protégés des agressions et de la peur.

- **L'exploitation** : Dans certaines régions du monde, les enfants sont forcés de travailler dans des conditions dangereuses ou sont victimes de traite. Le droit à la protection inclut la lutte contre l'exploitation des enfants sous toutes ses formes, qu'il s'agisse de travail forcé, de mariage précoce, ou d'exploitation sexuelle.

- **Les dangers environnementaux** : Les enfants doivent également être protégés des dangers liés à leur environnement immédiat, comme les routes, les constructions dangereuses, ou encore les catastrophes naturelles. Par exemple, la protection des enfants implique de leur fournir un espace de vie où ils peuvent jouer et se déplacer sans risque de blessure ou d'accident.

Le devoir de respecter les lois : Une éducation à la citoyenneté

En parallèle de leur droit à la protection, les enfants ont un **devoir de respecter les lois**. Ce devoir est fondamental car il permet aux enfants de comprendre les bases du vivre-ensemble et de la cohésion sociale. Dès leur plus jeune âge, il est important que les enfants apprennent à suivre les règles qui régissent la vie en société, à commencer par celles qui s'appliquent dans leur environnement immédiat, comme à l'école et dans leur famille.

Le respect des lois n'est pas une contrainte, mais un **geste de responsabilité**. En suivant les règles, les enfants contribuent à créer un environnement sûr et ordonné pour eux-mêmes et pour les autres. Par exemple, respecter les règlements de l'école permet de maintenir un climat d'apprentissage propice à tous les élèves. De la même manière, suivre les règles de sécurité routière en tant que piéton ou cycliste aide à prévenir les accidents et protège la vie. Voici quelques aspects concrets où les enfants doivent apprendre à respecter les lois :

- **Le respect du code de la route** : Les enfants, dès leur plus jeune âge, doivent apprendre à marcher prudemment sur les trottoirs, traverser aux passages piétons et respecter les feux de circulation. Pour les plus âgés, apprendre à respecter les règles en tant que cyclistes ou futurs conducteurs est crucial pour leur sécurité et celle des autres usagers de la route.

- **Les règles de l'école** : Chaque établissement scolaire fonctionne selon des règles qui visent à garantir un environnement favorable à l'apprentissage. Ces règles peuvent concerner la ponctualité, le respect des enseignants, ou encore le comportement avec les autres élèves. Respecter ces règlements permet à chaque enfant de bénéficier d'une éducation de qualité dans un climat de respect mutuel.

- **Le respect de l'autorité** : Les enfants doivent comprendre qu'il existe des figures d'autorité, comme les enseignants, les policiers ou encore les parents, qui ont pour mission de veiller à leur sécurité et à leur bien-être. Reconnaître et respecter ces figures d'autorité est essentiel pour leur développement social et moral.

Le rôle de l'UNICEF dans la protection des enfants

L'UNICEF a été créé pour protéger les enfants et défendre leurs droits dans le monde entier. L'une des priorités de l'UNICEF est d'assurer que les enfants les plus vulnérables, qu'ils vivent dans des zones de conflit, des bidonvilles ou des situations de crise, bénéficient de la protection à laquelle ils ont droit.

Dans de nombreuses régions du monde, l'UNICEF intervient en collaboration avec les gouvernements pour mettre en place des systèmes de protection efficaces. Cela inclut la création de centres d'accueil pour les enfants victimes de violences, la formation de professionnels travaillant dans la protection de l'enfance, ou encore la mise en place de campagnes de sensibilisation pour informer les parents et les enfants de leurs droits.

L'organisation met également en place des programmes éducatifs pour enseigner aux enfants leurs droits, mais aussi leurs responsabilités. En effet, un aspect essentiel du travail de l'UNICEF est d'aider les enfants à comprendre que leur rôle dans la société ne se limite pas à recevoir des protections. Ils doivent aussi respecter les lois et participer à la construction d'une société pacifique et équitable. L'UNICEF agit donc à travers des initiatives globales pour créer un environnement où les enfants peuvent non seulement être protégés, mais aussi s'épanouir en tant que citoyens responsables.

Protéger les enfants contre les dangers numériques

Dans le monde actuel, la protection des enfants passe également par une vigilance accrue dans le domaine numérique. Avec l'essor des technologies, les enfants sont de plus en plus exposés à des dangers en ligne, tels que le harcèlement, les contenus inappropriés ou encore la cyberintimidation. Le droit à la protection inclut désormais la nécessité de protéger les enfants dans le cyberespace.

L'UNICEF a mis en place des programmes pour éduquer les enfants sur les dangers du numérique et les protéger contre les abus en ligne. Ces programmes visent à sensibiliser les parents, les éducateurs et les enfants aux risques liés à l'utilisation d'internet et des réseaux sociaux. Le devoir de respecter les lois inclut aussi les **règles du comportement en ligne**, telles que le respect de la vie privée d'autrui, l'interdiction du harcèlement en ligne et la protection des données personnelles.

Les parents et les enseignants jouent un rôle essentiel dans la prévention des dangers en ligne en encadrant l'utilisation des technologies par les enfants et en les éduquant aux bonnes pratiques. Il est crucial d'expliquer aux enfants que les lois s'appliquent également dans le monde virtuel et que des comportements nuisibles en ligne peuvent avoir des conséquences graves, tant pour eux-mêmes que pour les autres.

La responsabilité des parents et de la communauté

La protection des enfants est une responsabilité collective. Si les enfants doivent respecter les lois, il incombe aux parents et à la société de les protéger des dangers et de les guider dans l'apprentissage de ces responsabilités. Les parents, en particulier, ont un rôle essentiel dans la transmission des valeurs liées au respect des lois et à la protection de leur enfant.

Les parents doivent non seulement veiller à ce que leurs enfants soient protégés, mais aussi les encourager à comprendre pourquoi il est important de respecter les règles et les lois. Cela peut se faire par l'exemple. En respectant eux-mêmes les règles, que ce soit au volant, dans la vie quotidienne ou dans leurs interactions sociales, les parents montrent à leurs enfants que le respect des lois est une partie intégrante du bon fonctionnement de la société.

En outre, la communauté doit également jouer un rôle dans la protection des enfants. Cela peut inclure des campagnes de sensibilisation sur la sécurité routière, la mise en place de programmes de mentorat pour les jeunes, ou encore des initiatives locales pour créer des espaces sûrs où les enfants peuvent jouer et se développer. L'UNICEF travaille souvent en collaboration avec des communautés locales pour créer un environnement plus sûr et plus protecteur pour les enfants, en sensibilisant aux dangers et en mettant en place des mesures de prévention.

En résumé, tout en jouissant du droit fondamental d'être protégés, les enfants doivent être encouragés à comprendre qu'ils ont eux aussi un rôle à jouer dans la société. Le respect des lois, qu'elles soient à l'école, sur la route ou en ligne, est essentiel pour leur sécurité et pour celle des autres. En leur apprenant à respecter les lois et à comprendre leurs droits, nous contribuons à former des citoyens responsables et à bâtir une société plus juste et équitable pour tous.

Chapitre 5 :
Le respect des autres et de leurs droits

Le respect des autres et de leurs droits est l'un des principes fondamentaux qui sous-tend une société juste et harmonieuse. Dès leur plus jeune âge, les enfants doivent être sensibilisés à l'importance de respecter les droits des autres, que ce soit à l'école, à la maison ou dans la rue. Ce chapitre vise à éduquer les enfants et leurs parents sur la manière de promouvoir un environnement où chacun se sent respecté, écouté, et valorisé, tout en expliquant pourquoi ce respect est essentiel au bon fonctionnement de la société.

Comprendre le respect des autres

Le respect des autres est une valeur universelle qui s'applique à chaque être humain. Il consiste à reconnaître la dignité et la valeur de chaque personne, indépendamment de ses différences. Pour un enfant, apprendre à respecter les autres, c'est comprendre que chaque individu a des sentiments, des besoins, et des droits qui méritent d'être pris en compte. Cela inclut le respect de l'espace personnel, des croyances, des opinions et des choix de chacun.

Enseigner le respect des autres : Les parents doivent expliquer à leurs enfants que leurs droits s'arrêtent là où commencent ceux des autres (comme nous l'apprenons à l'école). Par exemple, ils doivent respecter l'opinion de leurs camarades à l'école, ne pas interrompre les discussions, ou encore traiter les autres avec gentillesse et empathie. Cette éducation au respect des autres est essentielle pour vivre en société.

Apprendre à respecter les autres n'est pas un processus immédiat, mais un apprentissage qui se construit au fil du temps. Cela commence par les petites actions du quotidien, comme attendre son tour pour parler, ne pas interrompre les conversations, ou encore partager les jouets avec ses camarades. À travers ces actions simples, l'enfant comprend que les autres ont eux aussi des droits et des besoins qui méritent d'être pris en compte.

Le respect du droit à la parole

L'un des droits fondamentaux que chaque enfant doit apprendre à respecter est **le droit à la parole**. Ce droit signifie que chaque personne a le droit d'exprimer ses opinions et ses idées sans craindre d'être ridiculisée ou ignorée. Il est essentiel que les enfants comprennent que leurs opinions comptent, mais que celles des autres aussi. Cela inclut le fait d'écouter activement ce que les autres ont à dire, de ne pas se moquer ou interrompre, et de montrer de l'intérêt pour les points de vue différents des leurs.

À l'école, il est particulièrement important que les enfants apprennent à respecter le droit à la parole de leurs camarades. Dans une classe, les opinions peuvent diverger, et les discussions peuvent parfois être animées. Cependant, il est crucial que chaque enfant se sente libre de s'exprimer sans craindre la moquerie ou le rejet. En apprenant à respecter le droit à la parole des autres, les enfants développent leur capacité à dialoguer de manière constructive, à coopérer et à résoudre des conflits de manière pacifique.

Les parents ont ici un rôle éducatif central. En tant que modèles de comportement, ils doivent encourager leurs enfants à exprimer leurs idées tout en les aidant à comprendre qu'il est tout aussi important d'écouter les autres. Cela peut être fait en créant des moments en famille où chaque membre a l'opportunité de parler et de partager ses pensées sans être interrompu. Ainsi, l'enfant apprend que le respect de la parole des autres est une base pour des interactions harmonieuses.

Le respect de la dignité de chaque personne

Le respect des autres inclut également le **respect de la dignité humaine**, c'est-à-dire reconnaître que chaque personne mérite d'être traitée avec respect, peu importe ses différences. La dignité humaine est un droit inaliénable qui transcende les origines ethniques, la religion, le genre ou le statut social. Les enfants doivent être éduqués à comprendre que la diversité est une richesse et que chaque personne, quelle que soit sa situation, mérite d'être traitée avec égard.

À la maison, cela peut se manifester par le respect des membres de la famille, en traitant chacun avec bienveillance, en évitant les paroles blessantes, et en s'excusant lorsqu'un malentendu ou un conflit surgit. À l'école, cela signifie éviter de juger ou de maltraiter un camarade en raison de ses différences. Que ce soit une différence de culture, d'apparence, ou d'opinions, chaque enfant doit apprendre à valoriser la diversité et à traiter chacun avec le même respect.

Les enfants sont souvent exposés à des stéréotypes ou des discriminations qu'ils peuvent reproduire sans le savoir. Il est donc essentiel que les parents et les enseignants les aident à déconstruire ces idées et à adopter une attitude ouverte et inclusive. Cela passe par des discussions régulières sur les différences entre les personnes, et sur l'importance de l'empathie et de la compassion. En encourageant les enfants à se mettre à la place des autres, on les aide à comprendre que derrière chaque personne se trouve une histoire, des sentiments, et une dignité qui mérite d'être respectée.

Le respect des droits des autres à l'école

L'école est un microcosme de la société où les enfants apprennent non seulement les matières académiques, mais aussi les règles de la vie en communauté. C'est un lieu où ils découvrent l'importance du respect des autres et de leurs droits. Le respect des règles de l'école, des enseignants et des camarades est fondamental pour assurer une atmosphère propice à l'apprentissage et à l'épanouissement de chaque élève. À l'école, le respect des droits des autres se manifeste par des actions concrètes comme :

Ne pas interrompre un camarade qui parle en classe.

Ne pas se moquer ou exclure un enfant en raison de ses différences.

Respecter les biens des autres, que ce soit du matériel scolaire ou des objets personnels.

Aider un camarade en difficulté, plutôt que de l'ignorer ou de l'humilier.

Ces comportements peuvent sembler évidents, mais ils doivent être inculqués dès le plus jeune âge pour devenir des habitudes. Les enfants doivent comprendre que l'école est un espace partagé, où chacun a des droits, mais aussi des devoirs envers les autres. Le respect des règles et des droits des autres à l'école est essentiel pour maintenir un climat de respect mutuel, où chaque enfant se sent en sécurité et valorisé.

Le respect des autres dans la rue et les espaces publics

En dehors de la maison et de l'école, les enfants interagissent également avec d'autres personnes dans des espaces publics, comme les parcs, les rues, ou les centres commerciaux. Dans ces environnements, il est tout aussi important de respecter les autres et leurs droits. Cela inclut le respect de l'espace public, des biens communs, et des règles de civilité.

Les enfants doivent être éduqués à comprendre que, dans les lieux publics, leur comportement peut avoir un impact sur les autres. Par exemple, respecter la file d'attente, ne pas jeter de déchets par terre, ou encore ne pas faire de bruit excessif sont autant de gestes qui montrent du respect pour les autres. Ces actions, bien qu'apparemment insignifiantes, contribuent à la création d'un environnement où chacun peut coexister harmonieusement.

Les parents peuvent jouer un rôle actif en rappelant ces règles à leurs enfants et en les accompagnant dans leur apprentissage. Il est important de montrer aux enfants que les espaces publics appartiennent à tout le monde, et que chacun a le droit de les utiliser de manière sécuritaire et agréable. Respecter ces droits, c'est aussi s'assurer que nous vivons dans une société où tout le monde peut se sentir à l'aise et respecté, peu importe où il se trouve.

Apprendre le respect à travers l'exemple

Les enfants apprennent principalement par l'exemple. Les parents, les enseignants, et les adultes en général sont les premiers modèles de comportement que les enfants observent et imitent. Pour cette raison, il est essentiel que les adultes incarnent les valeurs de respect qu'ils souhaitent inculquer aux enfants. En agissant avec respect envers les autres, les adultes montrent aux enfants que ces comportements ne sont pas seulement des règles à suivre, mais des valeurs fondamentales qui guident la vie en société.

Lorsque les enfants voient leurs parents écouter attentivement les autres, traiter chaque personne avec dignité, et respecter les règles de la société, ils sont plus susceptibles d'adopter ces comportements eux-mêmes. Les parents peuvent aussi encourager leurs enfants à réfléchir sur l'impact de leurs actions sur les autres. Par exemple, après une dispute ou un malentendu, les parents peuvent aider l'enfant à comprendre ce qui aurait pu être fait différemment pour montrer plus de respect et de considération.

En enseignant le respect des autres et de leurs droits, nous aidons les enfants à développer des qualités qui les rendront non seulement meilleurs en tant qu'individus, mais aussi en tant que membres d'une communauté. Le respect des droits à la parole, à la dignité, et à l'égalité est la base d'une société juste et harmonieuse, où chaque personne se sent valorisée et entendue. Apprendre ces leçons dès l'enfance est un gage de succès pour les générations futures.

Chapitre 6 :
Le rôle des parents dans la défense des droits des enfants

Les parents jouent un rôle fondamental dans la protection et la défense des droits des enfants. Leur influence est déterminante, car ils sont les premiers protecteurs et éducateurs de leurs enfants. Dès les premiers jours de vie, les enfants dépendent de leurs parents pour leur bien-être, leur sécurité, et leur développement. Ce chapitre met l'accent sur la responsabilité cruciale des parents pour garantir que les droits de leurs enfants soient respectés, tout en leur expliquant comment ils peuvent devenir des modèles de comportement inspirants pour leurs enfants.

Comprendre le rôle des parents dans la défense des droits des enfants

Les droits des enfants, tels que définis par la **Convention relative aux droits de l'enfant**, incluent le droit à la protection, à l'éducation, à la santé, et à l'expression de leurs opinions. Si les gouvernements, les institutions et les organisations internationales ont la responsabilité de protéger ces droits, les parents ont un rôle unique et irremplaçable à jouer. Ils sont les premiers à veiller à ce que les besoins fondamentaux de l'enfant soient satisfaits et que les droits de l'enfant soient respectés dans toutes les sphères de la vie quotidienne.

Les parents doivent être conscients que leur rôle va bien au-delà de pourvoir aux besoins matériels de leurs enfants. Ils doivent également être les premiers à sensibiliser leurs enfants sur leurs droits, tout en leur inculquant les valeurs qui leur permettront de devenir des adultes responsables. Chaque parent doit se voir comme un défenseur actif des droits de son enfant, que ce soit à la maison, à l'école ou dans la société.

Assurer la sécurité et la protection de l'enfant

La sécurité est un droit fondamental pour chaque enfant. Les parents sont les premiers responsables de la protection de leur enfant contre les dangers de la vie quotidienne, qu'ils soient physiques, émotionnels ou sociaux. Cela inclut non seulement la protection contre les accidents domestiques ou les dangers extérieurs, mais aussi la protection contre les abus, la violence, les exploitations ou la négligence.

Pour exercer efficacement ce rôle, les parents doivent être informés des risques auxquels leurs enfants peuvent être exposés. Cela implique de connaître les dangers potentiels dans l'environnement de l'enfant, tels que les comportements à risque sur Internet, les pressions sociales ou encore les influences négatives. Les parents doivent également s'efforcer de créer un environnement familial sécurisé et aimant où les enfants se sentent protégés et valorisés.

Un autre aspect de la protection concerne la **communication ouverte** entre les parents et les enfants. Il est essentiel que les enfants sachent qu'ils peuvent toujours se tourner vers leurs parents en cas de difficulté ou de danger. En créant un climat de confiance, les parents permettent à leurs enfants de s'exprimer librement sur leurs préoccupations et leurs expériences, ce qui est crucial pour les protéger des abus et des situations risquées.

Être un modèle de comportement

Les enfants apprennent par l'exemple. Ils observent et imitent les attitudes, les paroles et les comportements de leurs parents. Pour cette raison, il est essentiel que les parents incarnent les valeurs qu'ils souhaitent transmettre à leurs enfants, en particulier celles liées au respect des droits d'autrui. Les parents doivent eux-mêmes respecter les droits des autres membres de la famille, des voisins, des collègues, et des autres personnes avec qui ils interagissent.

Le respect des droits des enfants commence à la maison. Par exemple, écouter les opinions de l'enfant, respecter ses choix (dans la mesure du raisonnable), et lui permettre de s'exprimer librement, tout en fixant des limites claires, sont des comportements qui montrent à l'enfant que ses droits sont respectés. Cela l'encourage à adopter les mêmes comportements envers les autres.

Les parents doivent également être conscients de l'impact de leurs actions dans des situations conflictuelles. Par exemple, lorsqu'il y a des désaccords entre les parents eux-mêmes ou avec d'autres adultes, il est crucial de gérer ces conflits de manière respectueuse et pacifique. Cela enseigne à l'enfant que les différends peuvent être résolus sans violence ni irrespect, et renforce les valeurs de dialogue et de tolérance.

Promouvoir le droit à l'éducation et à l'expression

Les parents jouent un rôle clé dans la promotion du **droit à l'éducation** de leurs enfants. Ils doivent non seulement s'assurer que leurs enfants ont accès à une éducation de qualité, mais aussi qu'ils s'engagent activement dans leur apprentissage. Cela peut inclure l'accompagnement des devoirs, la participation aux réunions parents-enseignants, ou encore l'encouragement à explorer de nouvelles connaissances et compétences en dehors de l'école.

Il est également important que les parents encouragent l'**expression personnelle** de leurs enfants. Chaque enfant a le droit d'exercer son droit à la parole et d'être entendu. Les parents doivent créer un environnement où leurs enfants se sentent à l'aise pour partager leurs pensées, leurs sentiments et leurs opinions, même si celles-ci diffèrent de celles des adultes. Encourager l'expression de soi aide les enfants à développer leur confiance en eux, leur sens de la responsabilité, et leur capacité à interagir avec le monde qui les entoure.

Prévenir les abus et les violences

Les parents sont les premiers gardiens contre les abus et la violence, qu'ils soient physiques, émotionnels ou psychologiques. Ils doivent être vigilants et attentifs aux signes de maltraitance, qu'elle provienne de l'extérieur (autres membres de la famille, enseignants, camarades) ou parfois, de l'intérieur de la cellule familiale. Les violences verbales, les humiliations ou les punitions excessives peuvent avoir des effets dévastateurs sur le développement émotionnel de l'enfant.

Les parents doivent donc veiller à utiliser des méthodes disciplinaires positives et respectueuses. Cela ne signifie pas l'absence de discipline, mais plutôt l'adoption d'approches qui respectent la dignité de l'enfant tout en lui apprenant les conséquences de ses actions. La punition corporelle ou la violence verbale ne font que créer un climat de peur et de méfiance, ce qui nuit à l'épanouissement de l'enfant. À la place, les parents doivent encourager des méthodes de communication et de résolution de problèmes fondées sur le respect et la compréhension.

Sensibilisation et implication communautaire

Les parents ne sont pas seuls dans la défense des droits de leurs enfants. Ils peuvent s'appuyer sur des réseaux et des organisations qui offrent soutien et ressources pour mieux comprendre et protéger ces droits. L'UNICEF, par exemple, fournit des outils précieux pour aider les parents à prendre conscience des défis liés à la protection des enfants et à leur développement harmonieux. Les programmes éducatifs, les campagnes de sensibilisation et les ressources offertes par ces organisations permettent aux parents de mieux appréhender leur rôle et d'adopter des stratégies efficaces pour défendre les droits de leurs enfants.

Les parents doivent également être **acteurs dans leur communauté**. Cela peut se manifester par leur participation à des programmes scolaires, des associations locales ou des groupes de parents. Ces espaces d'échange permettent de partager des expériences, de discuter des difficultés rencontrées, et de trouver des solutions collectives pour améliorer les conditions de vie et de développement des enfants.

Être actif dans la communauté peut aussi signifier s'engager dans des actions de plaidoyer pour les droits des enfants, notamment en soutenant des initiatives locales ou en s'impliquant dans des campagnes pour la protection de l'enfance. Les parents peuvent ainsi contribuer à créer un environnement social plus protecteur et respectueux des droits de tous les enfants.

Le rôle des parents dans le développement moral et social de l'enfant

Les parents ne sont pas seulement responsables du bien-être physique de leurs enfants ; ils jouent également un rôle central dans leur **développement moral et social**.

En enseignant des valeurs comme l'honnêteté, la tolérance, l'empathie et le respect des autres, les parents aident leurs enfants à devenir des citoyens responsables et conscients de leurs droits et devoirs.

En créant un cadre familial où les valeurs de respect, d'équité et de justice sont mises en avant, les parents permettent à leurs enfants de grandir avec une conscience sociale forte. Ils les préparent à interagir avec le monde extérieur de manière positive, à défendre leurs propres droits, et à respecter ceux des autres. L'apprentissage de ces valeurs morales dès le plus jeune âge est essentiel pour le développement d'une société équilibrée et équitable.

Les parents doivent aussi être attentifs à **l'importance de l'empathie** dans le développement de leurs enfants. L'empathie permet à l'enfant de comprendre les sentiments et les besoins des autres, ce qui est crucial pour établir des relations respectueuses et harmonieuses. Les parents peuvent encourager cette qualité en discutant des émotions avec leurs enfants, en leur apprenant à identifier les sentiments des autres, et en les encourageant à adopter des comportements bienveillants.

Le rôle des parents dans la défense des droits des enfants est un pilier fondamental pour garantir que ces droits soient respectés et protégés. Ils ne doivent pas seulement assurer la satisfaction des besoins matériels de leurs enfants, mais aussi promouvoir un environnement où chaque droit est compris, respecté et défendu. En étant des modèles de comportement, en encourageant la communication ouverte, et en participant activement à la vie de leur communauté, les parents contribuent non seulement au bien-être de leurs enfants, mais aussi à la construction d'une société plus juste et respectueuse des droits de tous.

Chapitre 7 :
Quelques Organisations et institutions qui protègent les droits des enfants

Dans le monde entier, des organisations et des institutions se battent pour garantir que les droits des enfants soient respectés et protégés. Ces structures jouent un rôle crucial dans la sensibilisation, la prévention des abus, et la mise en place de systèmes de protection pour les enfants vulnérables. Grâce à leur travail, des millions d'enfants bénéficie de soins, d'éducation, et d'un environnement sécurisé qui leur permet de grandir et de s'épanouir pleinement. Ce chapitre met en lumière certaines de ces organisations, leur mission, et leur impact sur la protection des droits des enfants.

Le rôle des organisations dans la protection des droits des enfants

Les enfants sont parmi les membres les plus vulnérables de la société. Leur jeunesse et leur dépendance vis-à-vis des adultes les exposent souvent à des formes de violence, de négligence, et d'exploitation. Les organisations qui protègent les droits des enfants existent pour remédier à ces injustices en mettant en place des programmes de protection, de soutien et d'éducation. Ces organisations opèrent à différents niveaux : international, national et local. Elles collaborent souvent avec les gouvernements, les communautés, et les familles pour créer des environnements sûrs et protecteurs pour tous les enfants.

L'UNICEF : Un acteur incontournable

L'une des organisations les plus importantes en matière de protection des droits des enfants est l'**UNICEF**

(Fonds des Nations Unies pour l'enfance). Fondée en 1946, l'UNICEF est une agence des Nations Unies qui œuvre dans plus de 190 pays pour promouvoir les droits des enfants, en particulier ceux des plus vulnérables. L'organisation est active dans de nombreux domaines, notamment l'éducation, la santé, la nutrition, et la protection contre les violences.

L'UNICEF met en place des programmes de santé pour vacciner les enfants, lutte contre la malnutrition, soutient les systèmes éducatifs, et intervient dans les zones de conflits pour offrir une protection aux enfants victimes de guerres. L'organisation s'efforce également de sensibiliser les communautés et les gouvernements sur l'importance des droits des enfants et de promouvoir des politiques en leur faveur.

Par exemple, dans les zones touchées par des conflits ou des catastrophes naturelles, l'UNICEF intervient pour assurer la continuité de l'éducation en mettant en place des écoles temporaires, en distribuant des fournitures scolaires, et en formant des enseignants. De plus, l'UNICEF joue un rôle clé dans la lutte contre le travail des enfants, la traite des êtres humains et les mariages précoces, en travaillant avec les gouvernements pour adopter et appliquer des lois protégeant les enfants.

Le Parlement des Enfants : Donner une voix aux enfants

Le **Parlement des Enfants** est une institution mise en place dans plusieurs pays pour permettre aux enfants de participer activement, à la vie publique et d'exprimer leurs opinions sur des questions qui les concernent directement. Cette initiative a pour objectif d'inculquer aux enfants l'importance de la démocratie, du débat, et de la participation citoyenne, tout en leur donnant un espace pour défendre leurs droits.

Le Parlement des Enfants est souvent composé d'enfants élus par leurs pairs dans les écoles ou les communautés, qui se réunissent régulièrement pour discuter de questions telles que l'éducation, l'accès aux services de santé, la protection contre la violence, les maladies, les abus et les exploitations aux quelles les enfants font face. Les propositions formulées par ces jeunes parlementaires sont souvent présentées aux décideurs politiques, ce qui permet aux enfants de jouer un rôle actif dans la formulation des politiques publiques qui les concernent.

Cette initiative est un excellent moyen d'apprendre aux enfants que leur voix compte, et qu'ils peuvent influencer les décisions qui impactent leur vie. Elle les prépare à devenir des citoyens engagés, capables de défendre non seulement leurs propres droits, mais aussi ceux des autres.

Save the Children : Un acteur global

Une autre organisation phare dans la protection des droits des enfants est **Save the Children**, créée en 1919. Cette organisation internationale œuvre pour améliorer la vie des enfants en garantissant leur accès à l'éducation, aux soins de santé, et à la protection contre les abus et l'exploitation. Save the Children est particulièrement active dans les situations d'urgence, comme les crises humanitaires, où elle s'assure que les enfants reçoivent une aide vitale, notamment de la nourriture, de l'eau potable, des abris, et des soins médicaux.

Save the Children travaille également à long terme pour améliorer les systèmes éducatifs et de santé dans les pays en développement, et pour protéger les enfants contre les violences, les mariages précoces, et le travail forcé. L'organisation met en place des programmes d'éducation dans les régions les plus défavorisées, offrant ainsi aux enfants une chance de sortir de la pauvreté par l'apprentissage.

En outre, Save the Children joue un rôle clé dans la défense des droits des enfants au niveau international. Elle fait du lobbying auprès des gouvernements et des organisations internationales pour faire adopter des politiques qui protègent les enfants et garantissent leurs droits, tels que l'accès à l'éducation pour les filles ou la protection contre les mariages forcés.

Plan International : Promouvoir l'égalité des genres

Plan International est une organisation qui se concentre particulièrement sur la protection des droits des enfants et l'égalité des genres. Fondée en 1937, elle est active dans plus de 70 pays et s'efforce de faire respecter les droits des enfants en mettant l'accent sur les filles, qui sont souvent les plus marginalisées et vulnérables.

Plan International s'emploie à améliorer l'accès à l'éducation, à la protection contre les abus et à promouvoir la participation des filles dans les décisions qui affectent leur vie. L'organisation lutte contre les mariages précoces, les mutilations génitales féminines et d'autres formes de violence basée sur le genre qui touchent particulièrement les filles dans certaines régions du monde. À travers des campagnes de sensibilisation et des programmes éducatifs, Plan International cherche à modifier les normes sociales et à promouvoir l'égalité entre les garçons et les filles.

Plan International s'engage également à inclure les jeunes dans ses initiatives en les encourageant à prendre part aux décisions communautaires et à devenir des agents du changement. Cette approche participative aide à construire des communautés où les droits des enfants, et en particulier des filles, sont respectés et protégés.

L'Organisation Internationale du Travail (OIT) : Lutte contre le travail des enfants

Un des domaines où les droits des enfants sont souvent violés est celui du travail des enfants. Pour contrer ce phénomène, l'**Organisation Internationale du Travail (OIT)** a mis en place des programmes visant à éradiquer le travail des enfants dans le monde. L'OIT travaille en collaboration avec les gouvernements, les entreprises, les syndicats et les communautés pour éliminer les pires formes de travail des enfants, telles que l'exploitation dans les mines, les usines, ou la prostitution.

L'OIT promeut le respect des conventions internationales qui interdisent le travail des enfants et encourage les pays à mettre en place des systèmes éducatifs qui offrent une alternative aux enfants exposés au travail précoce. L'organisation soutient également les familles en leur offrant des solutions économiques durables pour éviter que les enfants ne soient contraints de travailler pour subvenir aux besoins familiaux.

Grâce à son approche globale, l'OIT contribue à améliorer les conditions de vie des enfants et à garantir leur accès à l'éducation et à des opportunités qui respectent leurs droits.

Organisations locales : L'importance des acteurs de proximité

En plus des grandes organisations internationales, il est important de reconnaître le rôle des **organisations**

locales dans la protection des droits des enfants. Ces structures, souvent moins connues, sont pourtant essentielles pour apporter un soutien direct et adapté aux réalités spécifiques des communautés locales.

Les organisations locales travaillent en étroite collaboration avec les familles, les écoles, et les autorités locales pour identifier les enfants en situation de vulnérabilité et les aider à accéder à leurs droits. Elles sont souvent à l'avant-garde des campagnes de sensibilisation, des programmes d'éducation et des initiatives de protection contre les violences, car elles ont une connaissance intime des problèmes spécifiques auxquels sont confrontés les enfants dans leur région.

Ces acteurs locaux jouent également un rôle clé dans la formation et la sensibilisation des parents, en leur expliquant leurs responsabilités vis-à-vis des droits de leurs enfants et en les aidant à mieux comprendre comment protéger leurs enfants des dangers potentiels.

Les organisations et institutions qui protègent les droits des enfants sont essentielles à la construction d'un monde plus juste et équitable pour les générations futures. Que ce soit à travers des actions locales ou internationales, ces structures offrent des solutions concrètes pour protéger les enfants, promouvoir leurs droits, et garantir leur bien-être. Les parents, les éducateurs, et les communautés doivent s'associer à ces efforts pour créer un environnement où chaque enfant peut grandir en sécurité, accéder à l'éducation, et jouir pleinement de ses droits.

Chapitre 8 :
Droits et devoirs à la maison : l'importance de contribuer

La maison est le premier lieu où les enfants commencent à apprendre les notions de droits et de devoirs. C'est dans cet espace familial que les enfants acquièrent des valeurs essentielles telles que le respect, la responsabilité, la solidarité, et l'autonomie. Le foyer n'est pas simplement un lieu où les besoins matériels des enfants sont satisfaits, mais aussi un cadre d'apprentissage continu, où ils sont encouragés à participer activement à la vie familiale. Ce chapitre explore l'importance pour les enfants de contribuer à la maison, non seulement pour soulager les parents, mais aussi pour leur propre développement personnel.

Droits et devoirs à la maison : un équilibre crucial

Dans le cadre familial, les enfants ont des **droits**, tels que le droit à la protection, à l'éducation, à la nourriture et au logement. Cependant, ces droits s'accompagnent également de **devoirs**. Participer à la vie de famille est l'un de ces devoirs essentiels qui aide l'enfant à comprendre que chaque droit s'accompagne de responsabilités. En s'impliquant dans les tâches quotidiennes de la maison, les enfants apprennent à être responsables, à comprendre la valeur du travail, et à s'approprier les concepts d'équité et de respect envers les autres membres de la famille.

L'une des premières choses que les enfants doivent comprendre est que le foyer fonctionne comme une équipe. Tout comme les parents ont des responsabilités envers leurs enfants, ces derniers doivent également apporter leur aide dans la mesure de leurs capacités. Contribuer à la vie familiale, même par de petites tâches, donne à l'enfant un sentiment d’appartenance et de contribution, tout en renforçant son estime de soi.

L’importance de participer aux tâches ménagères

Les tâches ménagères, souvent perçues comme de simples corvées, sont en réalité un excellent moyen pour les enfants d'apprendre à gérer des responsabilités et à s’engager activement dans la vie familiale. Ces tâches peuvent varier en fonction de l'âge de l’enfant, mais l’essentiel est de leur faire comprendre qu’ils ont un rôle à jouer dans le bon fonctionnement du foyer.

Pour les plus jeunes, cela peut commencer par des gestes simples comme ranger leurs jouets, mettre la table, ou nourrir les animaux de compagnie. Pour les plus âgés, il peut s'agir de tâches un peu plus complexes, comme faire la vaisselle, sortir les poubelles, ou aider à préparer les repas. En leur confiant des responsabilités adaptées à leur âge, les parents leur apprennent non seulement à être autonomes, mais aussi à prendre conscience des efforts que chaque membre de la famille doit fournir pour que la maison reste un lieu accueillant et harmonieux.

De plus, il est essentiel que ces tâches ne soient pas perçues par les enfants comme des punitions ou des obligations lourdes. En les présentant comme une contribution positive à la vie du foyer, les enfants peuvent progressivement associer ces actions à des valeurs telles que l’entraide, le respect mutuel, et la coopération. L’objectif est de leur faire comprendre que participer aux tâches domestiques est une manière d’exprimer leur engagement envers leur famille.

Les bénéfices de la contribution familiale pour les enfants

En plus de renforcer leur sens des responsabilités, participer aux tâches familiales présente plusieurs autres avantages pour les enfants. D'abord, cela favorise le développement de compétences pratiques qu'ils utiliseront tout au long de leur vie. Qu'il s'agisse de cuisiner, de nettoyer, ou de réparer des objets, ces compétences domestiques leur seront utiles bien après l'enfance.

Ensuite, la participation aux tâches ménagères enseigne aux enfants la **gestion du temps** et l'organisation. Apprendre à intégrer ces tâches dans leur routine quotidienne leur permet de mieux gérer leur emploi du temps et de développer des habitudes de travail qui leur seront bénéfiques à l'école et dans leur future vie professionnelle.

De plus, en contribuant à la maison, les enfants apprennent l'importance de l'empathie et de la solidarité. Ils réalisent que leurs parents ne sont pas les seuls responsables de l'entretien du foyer, et qu'en partageant les tâches, tout le monde bénéficie d'un environnement plus agréable. Cette prise de conscience développe chez eux des qualités telles que la patience, la persévérance, et la coopération, qui sont essentielles pour leur développement social.

Créer des règles et des responsabilités adaptées

Pour que la contribution des enfants à la maison soit efficace et bénéfique, il est important de définir des **règles claires et adaptées**. Les parents doivent expliquer à leurs enfants ce qui est attendu d'eux en fonction de leur âge et de leurs capacités. Cela implique de fixer des limites, d'établir une routine, et d'attribuer des tâches spécifiques que l'enfant peut accomplir régulièrement.

Cependant, il est crucial d'éviter de surcharger l'enfant de responsabilités ou de lui imposer des tâches trop complexes pour son âge. Les tâches doivent être réalistes et faisables, afin que l'enfant ne se sente pas découragé ou dépassé. Par exemple, un enfant de cinq ans peut apprendre à ranger ses jouets, tandis qu'un enfant de dix ans peut participer à la préparation du repas ou au pliage du linge.

Le dialogue est essentiel dans ce processus. Les parents doivent expliquer pourquoi ces tâches sont importantes et valoriser l'effort fourni par l'enfant. En encourageant les enfants et en leur offrant des retours positifs, les parents renforcent leur motivation à continuer de participer à la vie familiale. Cela aide également à prévenir tout sentiment d'injustice ou de frustration de la part de l'enfant, qui pourrait croire qu'il est injustement traité s'il ne comprend pas pourquoi il doit accomplir certaines tâches.

L'importance de respecter les règles familiales

Outre les tâches ménagères, respecter les règles de la maison est un autre devoir essentiel pour les enfants. Ces règles sont mises en place non seulement pour assurer la bonne organisation du foyer, mais aussi pour enseigner aux enfants les valeurs de respect, de discipline, et de responsabilité. Qu'il s'agisse de respecter les horaires, de ne pas perturber le calme familial, ou de traiter chaque membre de la famille avec respect, ces règles sont des repères essentiels pour la vie en communauté.

Les règles de la maison doivent être claires, cohérentes, et adaptées à l'âge de l'enfant. Elles ne doivent pas être perçues comme des punitions ou des restrictions, mais plutôt comme des lignes directrices qui aident l'enfant à comprendre les attentes et à se comporter de manière respectueuse. Par exemple, une règle simple peut être d'éteindre les écrans à une certaine heure pour encourager un moment de calme avant le coucher. Une autre règle pourrait être de demander aux enfants de terminer leurs devoirs avant de jouer.

Il est important que les règles soient appliquées de manière juste et équitable, afin que les enfants comprennent qu'elles sont là pour le bien-être de tous. Lorsque les enfants respectent ces règles, ils apprennent non seulement à s'adapter aux exigences du foyer, mais ils développent aussi des compétences qui leur seront utiles dans la société. En effet, les règles familiales préparent les enfants à respecter les lois et les normes sociales à l'extérieur de la maison.

Encourager l'autonomie et l'indépendance

En participant activement à la vie familiale, les enfants développent un **sentiment d'autonomie** et d'indépendance. Lorsqu'ils sont encouragés à accomplir des tâches par eux-mêmes, à prendre des décisions concernant leur routine quotidienne, et à respecter les règles établies, ils apprennent à être responsables de leurs actions et à gérer les conséquences de leurs choix.

Cette autonomie est cruciale pour leur développement personnel, car elle leur permet de gagner en confiance et en estime de soi. Les enfants qui se sentent compétents et capables d'accomplir des tâches par eux-mêmes sont plus enclins à affronter de nouveaux défis, que ce soit à l'école ou dans d'autres aspects de leur vie. Ils apprennent aussi à résoudre des problèmes et à prendre des initiatives, des compétences essentielles pour leur réussite future.

Les parents peuvent encourager cette autonomie en laissant progressivement leurs enfants prendre en charge certaines responsabilités, tout en restant disponibles pour les guider et les soutenir en cas de besoin. Par exemple, un enfant peut être encouragé à organiser sa propre routine du matin, à préparer son sac d'école, ou à choisir ses vêtements. Ce type de participation active renforce le sentiment d'accomplissement et d'indépendance de l'enfant.

Le rôle des parents dans l'apprentissage des devoirs domestiques

Les parents ont un rôle central dans l'accompagnement de leurs enfants dans l'apprentissage de la contribution à la maison. Ils doivent veiller à instaurer un climat de confiance et de coopération, où chaque membre de la famille se sent valorisé et respecté. Pour cela, il est essentiel que les parents eux-mêmes montrent l'exemple en participant activement aux tâches domestiques et en respectant les règles qu'ils fixent.

L'une des méthodes les plus efficaces pour encourager la participation des enfants est de rendre les tâches domestiques amusantes et gratifiantes. Par exemple, les parents peuvent transformer les tâches ménagères en jeux ou en défis pour motiver les plus jeunes. Ils peuvent aussi instaurer des moments de partage en famille où tout le monde contribue ensemble, ce qui renforce les liens familiaux et permet de montrer que les efforts de chacun sont valorisés.

Il est également important que les parents soient patients et compréhensifs. L'apprentissage des responsabilités domestiques peut prendre du temps, et il est normal que les enfants fassent des erreurs en cours de route. Les parents doivent encourager leurs enfants à persévérer et à ne pas se décourager, en les aidant à comprendre que chaque effort compte.

L'importance de contribuer pour grandir

En résumé, la participation des enfants à la vie familiale, que ce soit à travers les tâches ménagères ou le respect des règles de la maison, est essentielle pour leur développement personnel et social. Cela leur apprend à être responsables, solidaires, et autonomes, tout en leur donnant un sentiment d'appartenance et de contribution au bien-être familial. Les parents, en tant que premiers éducateurs, doivent guider leurs enfants dans cette voie, en les accompagnant et en les encourageant à prendre des initiatives et à respecter leurs devoirs.

Chapitre 9 :
Équilibre entre droits et devoirs pour un épanouissement complet

L'éducation des enfants ne peut être complète sans une compréhension claire de l'équilibre entre leurs droits et leurs devoirs. Ce concept est essentiel pour permettre aux enfants de s'épanouir et de se développer harmonieusement. Jouir de ses droits sans remplir ses devoirs entraîne un déséquilibre qui peut nuire à la croissance personnelle, aux relations sociales et à la responsabilité collective. Ce chapitre vise à montrer aux enfants et aux parents l'importance d'intégrer cette dualité droits-devoirs dans la vie quotidienne, en expliquant pourquoi elle est cruciale pour le développement global de l'enfant.

Comprendre la relation entre droits et devoirs

Chaque enfant possède des droits fondamentaux qui garantissent sa protection, son bien-être et son développement. Ces droits, inscrits dans la **Convention relative aux droits de l'enfant**, incluent le droit à l'éducation, à la protection contre les abus, à la santé, à l'expression et à la participation aux décisions qui le concernent. Toutefois, il est crucial que les enfants comprennent que ces droits s'accompagnent de responsabilités, ou **devoirs**, qu'ils doivent également respecter pour maintenir un équilibre dans la société et dans leur propre développement.

Les devoirs ne sont pas des contraintes imposées, mais des actions qui permettent à chaque individu de participer activement à la vie sociale tout en contribuant à son propre épanouissement. Ils aident les enfants à structurer leur comportement, à comprendre les attentes de la société, et à développer des compétences essentielles comme la discipline, le respect des autres, et la gestion des responsabilités. Les parents et les éducateurs jouent un rôle clé dans l'accompagnement des enfants dans cette prise de conscience.

Le droit à l'éducation, par exemple, n'est pas seulement une opportunité pour acquérir des connaissances académiques, mais aussi un moyen pour les enfants de développer des compétences sociales, d'apprendre à interagir avec leurs pairs, et de comprendre les valeurs de respect, d'entraide et de coopération.

L'importance des devoirs : un cadre pour grandir

Les **devoirs** des enfants forment la contrepartie nécessaire de leurs droits. Ils représentent l'engagement des enfants envers leur famille, leur école et la société. Les devoirs donnent un sens à la vie collective, où chacun a un rôle à jouer pour garantir le respect mutuel et la justice. Pour les enfants, accomplir leurs devoirs est une manière d'apprendre à respecter les autres, à participer activement à leur environnement, et à contribuer à la société.

L'un des premiers devoirs des enfants est de **respecter les règles** établies par leur famille et leur école. Ces règles ne sont pas là pour restreindre leur liberté, mais pour leur offrir un cadre structuré qui leur permet de s'épanouir en toute sécurité. Respecter les règles à la maison, comme ranger ses affaires ou aider dans les tâches ménagères, enseigne aux enfants des valeurs essentielles telles que la discipline et l'autonomie. À l'école, respecter les consignes des enseignants et les règles de la classe favorisent un climat d'apprentissage positif, où chaque élève peut réussir.

Les devoirs permettent également aux enfants de

développer des compétences sociales indispensables pour leur avenir. Apprendre à partager, à écouter les autres, à coopérer et à respecter les différences sont autant de comportements qui renforcent leur capacité à interagir harmonieusement avec les autres. Ces compétences sociales sont essentielles pour bâtir des relations positives, que ce soit dans le cadre familial, scolaire ou plus tard dans leur vie professionnelle.

L'équilibre pour un épanouissement complet

L'épanouissement des enfants repose sur un **équilibre** entre leurs droits et leurs devoirs. Cet équilibre leur permet de grandir dans un environnement protecteur tout en apprenant à s'engager activement dans la société. Un enfant qui bénéficie de ses droits sans assumer ses devoirs peut développer une attitude égoïste ou irresponsable, tandis qu'un enfant qui est submergé par ses devoirs sans profiter de ses droits peut se sentir oppressé ou dévalorisé.

Les parents et les éducateurs ont un rôle crucial à jouer pour maintenir cet équilibre. Ils doivent veiller à ce que les enfants soient pleinement conscients de leurs droits, tout en leur expliquant que ces droits ne sont pas des privilèges absolus. Chaque droit s'accompagne d'une responsabilité, et il est important que les enfants intègrent cette idée dès leur plus jeune âge.

Par exemple, le **droit à l'éducation** s'accompagne du devoir de s'engager dans son apprentissage. Les enfants ont le droit d'aller à l'école et de recevoir une éducation de qualité, mais en contrepartie, ils ont le devoir de respecter leurs enseignants, d'accomplir leurs devoirs scolaires et de faire de leur mieux pour réussir. Ce devoir de s'engager activement dans leur propre apprentissage est essentiel pour tirer le meilleur parti de l'éducation et pour devenir des citoyens responsables.

De même, le **droit à l'expression** implique le devoir de respecter l'opinion des autres. Les enfants ont le droit de donner leur avis, mais ils doivent aussi écouter les points de vue de leurs pairs, de leurs parents, et de leurs enseignants. Cela leur apprend l'empathie, la tolérance, et le respect des différences, des qualités qui sont essentielles pour vivre en société.

Les bénéfices de l'équilibre pour le développement de l'enfant

Lorsque les enfants comprennent que leurs droits sont indissociables de leurs devoirs, ils développent un **sens de la responsabilité** qui leur sera bénéfique tout au long de leur vie. Cet équilibre leur permet de mieux comprendre les attentes sociales, d'apprendre à gérer leurs propres obligations, et de se préparer à devenir des adultes autonomes et respectueux.

L'une des principales leçons que les enfants tirent de cet équilibre est l'importance de la **contribution collective**. En participant activement à la vie familiale, à la vie scolaire, et à la communauté, ils apprennent que chacun a un rôle à jouer pour créer un environnement harmonieux et juste. Cette participation renforce leur sentiment d'appartenance et leur permet de se sentir utiles et valorisés.

En outre, l'équilibre entre droits et devoirs aide les enfants à **développer leur confiance en eux**. Lorsqu'ils assument leurs responsabilités avec succès, qu'il s'agisse de réaliser une tâche ménagère ou de respecter une règle scolaire, ils gagnent en estime de soi. Cette confiance en leurs capacités leur donne le courage d'affronter de nouveaux défis et de persévérer face aux difficultés.

Cet équilibre est également crucial pour le **développement moral** des enfants. En apprenant à respecter leurs devoirs, ils intègrent des valeurs éthiques telles que l'honnêteté, l'intégrité, et le respect des autres. Ils deviennent conscients des conséquences de leurs actions, non seulement pour eux-mêmes, mais aussi pour les autres membres de la société. Cette conscience éthique les aide à prendre des décisions responsables et à agir de manière juste et bienveillante.

L'importance de l'accompagnement des parents et des éducateurs

Pour que les enfants puissent pleinement comprendre et intégrer l'équilibre entre droits et devoirs, ils ont besoin de l'accompagnement constant des parents et des éducateurs. Ces derniers doivent veiller à ce que les enfants aient des **opportunités d'apprentissage** concrètes où ils peuvent exercer leurs droits tout en assumant leurs responsabilités.

Les parents, en particulier, jouent un rôle central dans cet accompagnement. Ils doivent créer un **environnement familial** où les enfants se sentent en sécurité pour exprimer leurs opinions, tout en leur apprenant à respecter les règles de la maison. Ils doivent également encourager les enfants à participer activement aux tâches domestiques et à respecter leurs obligations scolaires. L'objectif est de leur montrer que chaque membre de la famille a des droits, mais aussi des responsabilités qui permettent à la maison de bien fonctionner.

Les enseignants, de leur côté, doivent intégrer cet équilibre dans leurs pratiques pédagogiques. Ils doivent non seulement enseigner les droits de l'enfant, mais aussi les inciter à respecter leurs devoirs à l'école. Les enseignants peuvent encourager les élèves à participer aux décisions de la classe, tout en leur rappelant qu'ils ont le devoir de respecter les règles établies pour maintenir un environnement d'apprentissage positif.

Vers un épanouissement complet

L'équilibre entre droits et devoirs est la clé d'un épanouissement complet pour les enfants. Il leur permet de jouir pleinement de leurs droits tout en apprenant à assumer leurs responsabilités. Cet équilibre favorise leur développement personnel, social et moral, et les prépare à devenir des citoyens responsables et engagés.

En comprenant que chaque droit s'accompagne d'un devoir, les enfants apprennent à respecter les autres, à coopérer avec leurs pairs, et à contribuer activement à leur communauté. Ce processus d'apprentissage, guidé par les parents et les éducateurs, les aide à grandir avec confiance, autonomie et intégrité.

Chapitre 10 :
Les défis de la protection des droits de l'enfant dans certaines sociétés

Dans un monde idéal, chaque enfant jouirait de ses droits fondamentaux, tels que définis par la **Convention relative aux droits de l'enfant**, adoptée par les Nations Unies en 1989. Cependant, la réalité est souvent bien différente. Dans de nombreuses sociétés, les droits des enfants ne sont pas toujours respectés, et les obstacles à leur protection sont nombreux. Que ce soit en raison de la pauvreté, de la guerre, de la culture, ou des systèmes judiciaires et éducatifs défaillants, des millions d'enfants dans le monde continuent d'être privés de leurs droits fondamentaux. Ce chapitre explore les défis majeurs auxquels sont confrontées certaines sociétés dans la protection des droits des enfants et les actions nécessaires pour améliorer cette situation.

Les causes des violations des droits de l'enfant

Les défis liés à la protection des droits des enfants sont multiples et complexes, car ils découlent souvent de facteurs structurels profonds, ancrés dans l'économie, la culture, et les systèmes politiques. Voici quelques-unes des principales causes qui limitent la pleine réalisation des droits des enfants :

> **La pauvreté** : Dans les sociétés où la pauvreté est répandue, les enfants sont souvent les premières victimes. La pauvreté crée un environnement où l'accès à l'éducation, à la santé, et à une protection adéquate est compromis. Les familles vivant dans la précarité sont souvent contraintes de faire travailler

leurs enfants pour subvenir à leurs besoins. Ce travail infantile, bien que souvent perçu comme une nécessité économique, viole les droits fondamentaux des enfants, en particulier leur droit à l'éducation et à la protection contre l'exploitation.

Les conflits armés : Les enfants vivant dans des zones de guerre ou de conflit sont particulièrement vulnérables. Ils sont souvent recrutés comme enfants soldats, utilisés comme esclaves ou soumis à des violences extrêmes. Dans ces contextes, l'accès à une éducation stable et à des soins de santé est presque inexistant, et la violence devient une réalité quotidienne. De nombreux enfants qui perdent leurs familles, sont déplacés ou deviennent réfugiés, ce qui aggrave encore leur vulnérabilité.

Les normes culturelles et sociales : Dans certaines sociétés, les pratiques culturelles ou religieuses peuvent nuire aux droits des enfants. Les mariages précoces, les mutilations génitales féminines, ou la discrimination fondée sur le genre sont des exemples de pratiques qui continuent d'exister malgré les efforts mondiaux pour les éradiquer. Dans ces sociétés, les enfants, en particulier les filles, sont souvent perçus comme des êtres de moindre importance, ce qui entraîne une marginalisation de leurs droits.

Les systèmes éducatifs et judiciaires défaillants : Dans de nombreux pays en développement, les systèmes éducatifs ne sont pas suffisamment développés pour répondre aux besoins de tous les enfants. Les écoles sont souvent surchargées, mal équipées, ou simplement inaccessibles, ce qui prive les enfants de leur droit à une éducation de qualité. De plus, les systèmes judiciaires ne sont pas toujours en mesure de protéger les enfants contre les abus ou l'exploitation, et dans certains cas, ils peuvent même perpétuer les injustices à l'encontre des plus jeunes.

Les conséquences des violations des droits des enfants

Les conséquences des violations des droits des enfants sont profondes et de longue durée. Elles affectent non seulement le développement personnel de l'enfant, mais aussi la société dans son ensemble. Un enfant privé de ses droits est un enfant vulnérable, exposé à des risques psychologiques, émotionnels et physiques, qui peuvent entraver sa croissance et son épanouissement.

Impact sur le développement personnel : Les enfants privés de leurs droits fondamentaux, comme l'éducation ou la santé, sont souvent condamnés à un cycle de pauvreté. L'absence d'éducation les prive des compétences nécessaires pour trouver un emploi plus tard dans la vie, ce qui les expose à une précarité durable. En outre, les enfants victimes de violences, de guerre, ou d'exploitation souffrent souvent de traumatismes psychologiques profonds qui peuvent affecter leur bien-être mental tout au long de leur vie.

Impact sur la société : Les violations des droits des enfants ne se limitent pas à leurs effets individuels. Elles ont des répercussions à long terme sur le développement de la société dans son ensemble. Une génération d'enfants maltraités, non éduqués, ou marginalisés devient une génération d'adultes incapables de contribuer pleinement à la société. Cela perpétue un cycle de pauvreté, d'injustice, et de sous-développement qui freine la croissance économique et sociale.

L'inégalité des genres : Dans de nombreuses sociétés, les filles sont particulièrement touchées par les violations des droits des enfants. Le manque d'accès à l'éducation, le mariage précoce, et les discriminations basées sur le genre créent des inégalités profondes qui limitent leur potentiel. L'inégalité des genres nuit non seulement aux filles, mais aussi à l'ensemble de la société en limitant la participation des femmes à l'économie, à la politique, et à la vie publique.

Actions à entreprendre pour améliorer la protection des droits des enfants :

Les solutions pour améliorer la protection des droits des enfants doivent être globales, impliquant non seulement les gouvernements, mais aussi les organisations internationales, les communautés locales, et les familles.

Renforcer les systèmes législatifs et judiciaires : La première étape pour protéger les droits des enfants est de mettre en place des lois solides qui garantissent leur protection contre les abus, l'exploitation et la violence. Les gouvernements doivent adopter et appliquer des lois conformes à la Convention relative aux droits de l'enfant. Cela inclut l'interdiction du travail des enfants, des mariages précoces et de toutes formes de violence contre les enfants. Les systèmes judiciaires doivent être renforcés pour s'assurer que les auteurs de violations des droits des enfants soient traduits en justice et que les victimes reçoivent une protection adéquate.

Améliorer l'accès à l'éducation : L'éducation est l'un des moyens les plus efficaces pour briser le cycle de la pauvreté et garantir que les enfants puissent jouir pleinement de leurs droits. Les gouvernements doivent investir dans des systèmes éducatifs inclusifs et de qualité.

Cela inclut la construction d'écoles, la formation d'enseignants qualifiés, et la mise en place de programmes de soutien pour les enfants les plus vulnérables, comme ceux vivant dans des zones rurales ou touchées par des conflits.

Sensibiliser les communautés : Les normes culturelles et sociales peuvent être difficiles à changer, mais il est essentiel de sensibiliser les communautés aux droits des enfants. Les campagnes de sensibilisation menées par des organisations internationales telles que l'UNICEF, ainsi que des ONG locales, peuvent jouer un rôle clé dans l'éducation des parents, des chefs religieux, et des responsables communautaires sur l'importance de protéger les enfants. Ces campagnes peuvent contribuer à changer les mentalités et à éliminer les pratiques nuisibles telles que le mariage précoce et les mutilations génitales féminines.

Offrir un soutien économique aux familles : La pauvreté est l'un des principaux facteurs qui pousse les familles à violer les droits de leurs enfants, que ce soit en les forçant à travailler ou en les privant de soins adéquats. Offrir un soutien économique aux familles vulnérables, sous forme de subventions, de programmes de transfert d'argent ou d'opportunités d'emploi, peut les aider à subvenir aux besoins de leurs enfants sans compromettre leurs droits. Ces programmes doivent cibler les familles vivant dans les zones rurales et les régions les plus pauvres, où la précarité est la plus grande.

Protéger les enfants dans les conflits armés : Dans les zones de guerre, il est essentiel que les organisations internationales travaillent avec les gouvernements et les groupes armés pour protéger les enfants. Cela inclut la prévention du recrutement d'enfants soldats, la protection des écoles et des hôpitaux, et la mise en place de programmes de réhabilitation pour les enfants touchés par les conflits. Les efforts pour protéger les enfants doivent également inclure un soutien psychologique et émotionnel pour les aider à surmonter les traumatismes liés à la guerre.

Chapitre 11 :
Guide pratique pour les parents : comment protéger les droits des enfants

Être parent est une responsabilité immense. Au-delà des besoins matériels et affectifs des enfants, les parents ont également le devoir de veiller au respect de leurs droits fondamentaux. Qu'il s'agisse du droit à l'éducation, à la protection contre les abus, à l'expression ou à la santé, les droits des enfants sont des éléments essentiels à leur épanouissement et à leur développement. Ce guide pratique vise à aider les parents à comprendre comment, au quotidien, ils peuvent respecter et promouvoir les droits de leurs enfants, tout en assurant leur bien-être physique et émotionnel.

Le droit à la protection : créer un environnement sûr

Le premier droit fondamental de chaque enfant est celui de **vivre dans un environnement sûr**.

Sécuriser la maison : Les parents doivent veiller à ce que la maison soit un lieu sécurisé pour leurs enfants. Cela peut inclure des mesures de sécurité basiques, comme bloquer l'accès aux objets dangereux (couteaux, produits chimiques), sécuriser les prises électriques, et éviter de laisser des objets dangereux à portée des plus jeunes. Au delà de ces mesures pratiques, il est essentiel d'offrir un environnement émotionnel sécurisant, où l'enfant se sent protégé et écouté.

- **Surveiller les activités en ligne** : Aujourd'hui, la protection des enfants passe aussi par la vigilance face aux dangers numériques. Les parents doivent surveiller les activités en ligne de leurs enfants, s'assurer qu'ils ne sont pas exposés à des contenus inappropriés ou à des interactions malveillantes.

- **Sensibiliser à l'importance des règles** : La mise en place de règles claires à la maison aide les enfants à comprendre les limites qui existent pour leur sécurité et leur bien-être. Par exemple, établir des horaires pour les repas, les devoirs ou les temps d'écran est une manière de structurer la vie quotidienne tout en favorisant un cadre sécurisant pour l'enfant.

Le droit à l'éducation : s'engager activement dans le parcours scolaire

Le **droit à l'éducation** est l'un des droits fondamentaux des enfants, mais il nécessite un engagement actif de la part des parents pour être pleinement réalisé.

Créer un environnement propice à l'apprentissage : À la maison, il est essentiel de créer un espace calme et ordonné pour que l'enfant puisse faire ses devoirs ou lire. Les parents peuvent aussi organiser une routine d'étude, en fixant des horaires réguliers pour les devoirs et en encourageant l'enfant à poser des questions et à explorer de nouveaux sujets en dehors du cadre scolaire.

S'impliquer dans la vie scolaire et encourager l'autonomie dans l'apprentissage : Les parents doivent être présents dans la scolarité de leurs enfants, en participant aux réunions parents-enseignants, en suivant les progrès académiques, et en collaborant avec les enseignants pour résoudre tout problème. Leur présence montre à l'enfant que l'éducation est une priorité, et cela renforce son engagement à l'école.

Tout en guidant leurs enfants, les parents doivent également les encourager à devenir autonomes dans leur parcours éducatif. Cela peut passer par des discussions sur leurs projets scolaires, l'encouragement à prendre des initiatives dans leurs travaux, ou à résoudre des problèmes par eux-mêmes avant de demander de l'aide.

Le droit à l'expression : encourager la parole de l'enfant

Chaque enfant a le droit de **s'exprimer librement** et d'être entendu. Ce droit est essentiel pour favoriser la confiance en soi et le développement personnel. Les parents jouent un rôle clé pour garantir que leur enfant se sente écouté et respecté dans ses opinions.

Pratiquer l'écoute active : Pour encourager l'expression de l'enfant, les parents doivent adopter une posture d'écoute active. Cela signifie prendre le temps d'écouter l'enfant sans l'interrompre, montrer de l'empathie pour ses préoccupations, et lui répondre de manière constructive. L'écoute active aide l'enfant à se sentir compris et valorisé.

Respecter les opinions de l'enfant : Il est important que les parents respectent les opinions de leurs enfants, même si celles-ci diffèrent des leurs. Cela ne signifie pas que les enfants doivent avoir le dernier mot, mais plutôt que leurs pensées doivent être prises en compte dans les discussions familiales. En apprenant à discuter et à négocier, l'enfant comprend que son avis a de la valeur, ce qui renforce son estime de soi.

Encourager la prise de parole : Que ce soit à l'école ou à la maison, les parents doivent encourager leurs enfants à exprimer leurs idées, à poser des questions, et à participer activement aux conversations. Cela peut passer par des discussions en famille, des jeux de rôle, ou même des débats sur des sujets qui intéressent l'enfant.

Le droit à la santé : assurer une croissance saine

Le **droit à la santé** est un autre pilier essentiel des droits de l'enfant. Les parents sont responsables de veiller à ce que leurs enfants reçoivent des soins médicaux appropriés, qu'ils aient une alimentation équilibrée et qu'ils fassent suffisamment d'exercice physique.

Suivre les visites médicales : Les parents doivent s'assurer que leur enfant bénéficie des soins médicaux nécessaires, en suivant un calendrier régulier de visites chez le médecin et en respectant les vaccinations recommandées. Cela contribue à protéger la santé physique de l'enfant et à prévenir les maladies.

Offrir une alimentation saine et encourager l'activité physique : Une alimentation équilibrée est essentielle pour le développement physique et mental de l'enfant. Les parents doivent veiller à ce que leur enfant ait une alimentation variée, riche en nutriments, et adaptée à ses besoins. Cela peut inclure la préparation de repas maison, l'encouragement à manger des fruits et légumes, et l'éducation à l'importance d'une alimentation saine dès le plus jeune âge.

Encourager l'activité physique : Le développement de l'enfant passe également par une activité physique régulière. Les parents doivent encourager leurs enfants à bouger, à pratiquer un sport ou à participer à des jeux actifs. Cela peut se faire par des activités en famille, comme des balades à vélo ou des sorties en plein air, ou en encourageant la participation à des clubs sportifs.

Le droit à la protection contre les abus : détecter les signes et agir

La protection contre les abus, qu'ils soient physiques, émotionnels ou sexuels, est l'un des droits les plus fondamentaux de chaque enfant. Les parents doivent être vigilants pour s'assurer que leur enfant est protégé des comportements nuisibles et savoir comment réagir en cas de suspicion d'abus.

Reconnaître les signes de maltraitance :

Les parents doivent apprendre à reconnaître les signes potentiels de maltraitance ou d'abus. Cela peut inclure des changements de comportement, une réticence à aller dans certains lieux ou à interagir avec certaines personnes, ou encore des signes physiques inhabituels. Être attentif à ces signaux est essentiel pour détecter et prévenir les situations dangereuses.

Créer un climat de confiance :

Il est important que l'enfant sache qu'il peut toujours se confier à ses parents s'il se sent en danger ou s'il subit une forme d'abus. Pour cela, les parents doivent maintenir une relation de confiance ouverte, où l'enfant se sent en sécurité pour partager ses préoccupations sans crainte de réprimande ou de jugement.

Connaître les ressources disponibles :

Les parents doivent être informés des ressources et des organisations disponibles pour aider les enfants victimes d'abus. En cas de suspicion d'abus, il est essentiel de contacter les autorités compétentes, les services sociaux, ou des associations spécialisées pour assurer la sécurité de l'enfant.

Le rôle de l'éducation parentale dans l'épanouissement des enfants :

L'éducation parentale joue un rôle central dans le développement et l'épanouissement des enfants. C'est à travers l'éducation reçue à la maison que les enfants apprennent les valeurs fondamentales, découvrent leurs droits et leurs devoirs, et construisent les bases de leur avenir. Ce chapitre explore l'importance de l'éducation parentale et comment celle-ci peut aider les enfants à mieux comprendre leurs droits, leurs responsabilités, et à grandir dans un environnement sain, propice à leur développement physique, émotionnel et intellectuel.

L'éducation parentale comme fondation de la vie

L'éducation parentale commence dès la naissance et se poursuit tout au long de l'enfance. Contrairement à l'éducation formelle qui se déroule à l'école, l'éducation parentale se développe dans le cadre familial. Elle inclut non seulement l'enseignement des règles et des bonnes pratiques, mais aussi le partage de valeurs, de traditions et d'attitudes qui forment la personnalité de l'enfant.

Les parents sont les premiers enseignants de leurs enfants. Ils leur transmettent non seulement des connaissances pratiques, comme comment s'habiller ou se comporter en société, mais aussi des leçons de vie plus profondes, telles que le respect des autres, la gestion des émotions, et l'importance de l'honnêteté. L'environnement familial est souvent le premier lieu où l'enfant apprend à interagir avec les autres et à comprendre les notions de droits et de devoirs.

Le rôle des parents dans la transmission des valeurs

L'un des aspects essentiels de l'éducation parentale est la **transmission des valeurs**. Les valeurs que les parents inculquent à leurs enfants déterminent largement leur façon de voir le monde, leurs relations avec les autres, et la manière dont ils abordent leurs responsabilités. Les valeurs de respect, de partage, de responsabilité, et d'empathie sont cruciales pour aider les enfants à s'intégrer harmonieusement dans la société et à comprendre l'équilibre entre leurs droits et devoirs.

Le respect : Les parents doivent enseigner à leurs enfants à respecter les autres, qu'il s'agisse des membres de la famille, des amis ou des personnes extérieures. Le respect est un principe fondamental qui permet aux enfants de comprendre que chacun a des droits, et que ces droits doivent être respectés. Cela passe par des gestes simples du quotidien, comme écouter les autres sans les interrompre, traiter les autres avec courtoisie, et respecter les biens d'autrui.

Le sens des responsabilités : Les parents doivent également inculquer à leurs enfants le sens des responsabilités, en leur apprenant à accomplir des tâches appropriées à leur âge. Cela peut inclure des responsabilités à la maison, comme ranger leurs jouets ou aider à mettre la table. Ces petites actions permettent aux enfants de comprendre que chacun a un rôle à jouer dans le bon fonctionnement de la maison et, plus tard, de la société.

L'empathie : Apprendre à se mettre à la place des autres est une compétence que les parents peuvent encourager dès le plus jeune âge. L'empathie aide les enfants à comprendre que leurs actions ont un impact sur les autres, et qu'il est important de prendre en compte les sentiments des autres dans leurs décisions. Cela favorise des relations plus harmonieuses et un meilleur climat social.

L'éducation aux droits et devoirs

L'une des missions les plus importantes des parents est d'enseigner à leurs enfants leurs **droits et devoirs**. Cela commence par des discussions simples sur ce qu'ils ont le droit de faire et ce qui est attendu d'eux en retour.

Expliquer les droits : Il est important que les enfants comprennent dès leur jeune âge qu'ils ont des droits, comme le droit à l'éducation, à la protection et à l'expression. Les parents peuvent utiliser des situations du quotidien pour expliquer ces droits de manière simple et accessible. Par exemple, le droit à l'expression peut être illustré par le fait que l'enfant a le droit de donner son avis lors des discussions familiales, mais qu'il doit aussi écouter les opinions des autres membres de la famille.

Introduire les devoirs : En parallèle, les parents doivent enseigner que chaque droit s'accompagne d'un devoir. Par exemple, si l'enfant a le droit de s'exprimer, il a aussi le devoir de le faire de manière respectueuse. De même, s'il a le droit d'aller à l'école, il a le devoir de respecter ses enseignants et de faire de son mieux dans ses études. Ces notions doivent être introduites progressivement pour que l'enfant apprenne à associer ses libertés à des responsabilités.

Créer un environnement sain et sécurisé

L'un des plus grands cadeaux que les parents peuvent offrir à leurs enfants est un **environnement sain et sécurisé**. Un tel environnement permet à l'enfant de se développer dans les meilleures conditions, tant sur le plan physique que psychologique. Voici quelques éléments clés pour garantir un cadre familial propice à l'épanouissement de l'enfant :

Offrir un environnement émotionnellement sécurisé : Les enfants doivent se sentir aimés, acceptés et soutenus par leurs parents. Un environnement émotionnellement sécurisé les aide à développer une image de soi positive et à se sentir confiants dans leurs interactions avec les autres.

Favoriser les interactions sociales et l'importance de l'exemple parental : Apprendre à interagir avec les autres est une compétence essentielle pour les enfants. Ces expériences sociales permettent aux enfants d'apprendre à se faire des amis, à résoudre des conflits, et à comprendre les dynamiques sociales. Mais aussi, les enfants apprennent principalement en observant les comportements des adultes qui les entourent, et en particulier de leurs parents. Par conséquent, **l'exemple parental** est l'un des outils éducatifs les plus puissants.

Montrer le respect et la bienveillance : Montrer du respect, de l'empathie, et de la bienveillance envers les autres est essentiel pour que les enfants comprennent l'importance de ces valeurs dans leurs propres vies. Par exemple, lorsque les parents traitent les autres avec gentillesse, les enfants apprennent à faire de même.

Être organisé dans l'application des règles : Pour que les enfants intègrent pleinement les concepts de droits et de devoirs, les parents doivent être cohérents dans l'application des règles familiales. Les règles doivent être claires, justes, et appliquées de manière régulière. Lorsque les parents sont constants dans leurs attentes, cela aide les enfants à comprendre que les règles sont importantes et qu'elles doivent être respectées.

L'éducation parentale, un pilier de l'épanouissement des enfants.

Chapitre 12 :
Les droits des enfants dans la vie quotidienne

Les droits des enfants ne sont pas des concepts abstraits ou réservés à des discussions théoriques. Ils sont au cœur de la vie quotidienne de chaque enfant, leur permettant de s'épanouir, de se développer et de vivre dans un environnement sûr et bienveillant. Chaque jour, les enfants exercent leurs droits dans des actions simples comme jouer, apprendre, interagir avec les autres et être protégés. Ce chapitre vise à offrir une explication claire et accessible des droits que les enfants exercent au quotidien et à sensibiliser les parents et les éducateurs à l'importance de faire comprendre ces droits aux enfants eux-mêmes.

Le droit de jouer et l'importance du jeu pour le développement : un espace pour grandir

Le **droit de jouer** est souvent sous-estimé, mais il est fondamental pour le développement physique, social et émotionnel des enfants. Jouer n'est pas seulement une activité ludique, c'est un moyen essentiel pour les enfants d'explorer le monde qui les entoure, d'apprendre à résoudre des problèmes, de développer leur créativité, et d'interagir avec les autres.

Ainsi, **pour l'importance du jeu pour le développement,**

Le jeu permet de développer des compétences sociales telles que la coopération, le partage, et la résolution de conflits. Il contribue aussi à renforcer leur motricité et leur coordination physique. Que ce soit dans le cadre de jeux en groupe, de jeux solitaires, ou de jeux symboliques où l'enfant imagine des situations, le droit de jouer offre aux enfants un espace d'expression libre et essentiel à leur croissance.

Créer un environnement propice au jeu : Les parents doivent veiller à offrir un espace sécurisé et stimulant où les enfants peuvent jouer librement. Cela ne signifie pas nécessairement de fournir des jouets coûteux ou des équipements sophistiqués, mais plutôt de permettre à l'enfant d'utiliser son imagination, de découvrir la nature, de créer ses propres jeux. L'essentiel est de leur donner du temps pour jouer et de respecter ce moment comme un droit essentiel à leur bien-être.

Le droit d'apprendre : une quête de connaissance

Le **droit à l'éducation** est l'un des droits les plus essentiels pour les enfants. Apprendre est un moyen pour eux de développer leur potentiel, de découvrir le monde, et de préparer leur avenir. Cependant, l'éducation ne se limite pas aux salles de classe. Elle englobe toutes les opportunités qu'un enfant à d'acquérir des connaissances, que ce soit à l'école, à la maison, ou à travers des interactions avec son environnement.

L'apprentissage à travers l'expérience en encourageant la curiosité : Les enfants apprennent en observant et en participant à leur environnement. Chaque interaction, qu'elle soit avec un adulte ou un autre enfant, peut-être une leçon. Les parents peuvent encourager cet apprentissage en engageant leurs enfants dans des discussions, en répondant à leurs questions avec patience, et en les encourageant à explorer leurs intérêts. Les sorties au parc, les visites de musées ou même les simples promenades peuvent devenir des moments d'apprentissage si l'on prend le temps d'expliquer les choses et d'encourager la curiosité.

Le droit d'être protégé : la sécurité avant tout

Le **droit à la protection** est peut-être le plus fondamental de tous les droits des enfants. Il implique que chaque enfant a le droit de grandir dans un environnement où il est protégé de tout danger, qu'il soit physique, émotionnel, ou social. Les enfants sont vulnérables et ont besoin que les adultes veillent sur leur sécurité et leur bien-être.

Protection contre les abus : Malheureusement, dans certaines situations, les enfants peuvent être victimes d'abus physiques, émotionnels ou sexuels. Il est crucial que les parents et les éducateurs soient vigilants et sachent reconnaître les signes de maltraitance. Créer un climat de confiance où l'enfant se sent libre de parler de ce qu'il ressent est essentiel pour garantir sa protection.

Sécurité physique et émotionnelle : Les parents doivent s'assurer que l'environnement dans lequel leur enfant évolue est sécurisé. Cela signifie non seulement protéger l'enfant des dangers physiques (comme les accidents domestiques ou les risques liés à la rue), mais aussi veiller à sa sécurité émotionnelle. Les enfants ont besoin de savoir qu'ils sont aimés, acceptés et soutenus. Un climat familial où règnent la bienveillance, l'écoute, et le respect des émotions de l'enfant contribue à sa protection émotionnelle.

Le droit de s'exprimer : la parole aux enfants

Le **droit à l'expression** est fondamental pour permettre aux enfants de se sentir respectés et entendus. Ce droit implique qu'ils puissent donner leur avis sur des questions qui les concernent, qu'il s'agisse de décisions familiales, scolaires ou sociales. La capacité à s'exprimer librement aide les enfants à développer leur confiance en eux et à comprendre qu'ils sont des acteurs de leur propre vie. Il implique donc le fait de :

Encourager la libre expression et expliquer les limites de l'expression : Cela peut se faire en posant régulièrement des questions à l'enfant, en l'encourageant à partager ses expériences quotidiennes, et en valorisant ce qu'il a à dire. Il est également essentiel de respecter les opinions des enfants, même si elles sont différentes de celles des adultes.

Mais par contre bien que les enfants aient le droit de s'exprimer librement, ils doivent également comprendre que ce droit s'accompagne de la responsabilité de respecter les autres et qu'il y'a **des limites**. Leur liberté d'expression ne doit pas nuire aux droits ou à la dignité des autres. Les parents doivent expliquer que tout le monde a droit à sa propre opinion et que le respect mutuel est la base d'une communication saine.

Le droit à la santé : prendre soin de son corps

Le **droit à la santé** signifie que chaque enfant a le droit de recevoir des soins médicaux et de grandir dans un environnement sain. Cela englobe la vaccination, les consultations médicales régulières, et un accès à une alimentation équilibrée. La santé physique est primordiale pour permettre aux enfants de s'épanouir pleinement dans leurs activités quotidiennes.

Par rappel aux chapitres précédents, elle inclut donc le fait : **d'assurer un suivie médical régulier, d'adopter une alimentation saine**.

Le droit à une vie familiale : un cadre stable et aimant

Le **droit à une vie familiale** est un aspect fondamental de l'épanouissement des enfants. Ce droit implique que chaque enfant a le droit de grandir dans une famille aimante, où il se sent soutenu, respecté et sécurisé. Les parents ont le devoir de créer un environnement familial où les enfants peuvent exprimer leurs émotions, se sentir en sécurité, et être encouragés à développer leurs talents et compétences.

Créer des liens familiaux forts : Le lien entre parents et enfants est crucial pour leur épanouissement. Les moments passés en famille, comme les repas, les jeux ou les discussions, sont des occasions d'apprendre, de partager, et de renforcer les relations.

Offrir un cadre stable : La stabilité est un facteur clé pour le développement des enfants. Ils ont besoin de savoir à quoi s'attendre dans leur vie quotidienne, ce qui leur permet de se sentir en sécurité et protégés.

Conscience des droits : l'éducation des enfants à leurs droits

Enfin, il est essentiel que les enfants soient **conscients de leurs propres droits**. Cette éducation aux droits de l'enfant commence à la maison, avec des discussions simples et accessibles sur ce que signifie avoir **des droits et des responsabilités.** Lorsque les enfants comprennent qu'ils ont des droits, ils peuvent mieux se protéger, défendre leurs intérêts, et respecter les droits des autres.

Cela peut se faire à travers des exemples tirés de la vie quotidienne. Par exemple, lorsque l'enfant réclame son temps de jeu, les parents peuvent lui expliquer que jouer est un droit, mais qu'il a aussi des devoirs, comme aider à ranger après avoir joué.

Chapitre 13 :
La collaboration entre enfants et parents pour une meilleure société

La société dans laquelle nous vivons est le reflet de l'éducation et des valeurs transmises au sein des familles. Pour construire une société plus juste, respectueuse des droits de chacun, il est essentiel d'établir une collaboration étroite et harmonieuse entre les enfants et leurs parents. La famille est le premier cadre social dans lequel l'enfant se développe, et la manière dont les parents et les enfants interagissent à un impact profond sur la façon dont l'enfant percevra et contribuera à la société en grandissant. Ce chapitre explore l'importance de la communication et de la collaboration entre parents et enfants, et comment cette dynamique peut façonner une société plus respectueuse et équilibrée.

La famille : première école de la vie sociale

La famille est souvent décrite comme la **première école de la vie sociale**. C'est là que les enfants apprennent à interagir avec les autres, à comprendre les notions de respect, de justice, et de partage. Les valeurs inculquées à la maison forment le socle sur lequel l'enfant bâtira ses relations futures avec ses pairs, ses collègues, et même ses futurs enfants. Ainsi, pour que la société fonctionne harmonieusement, il est crucial que la collaboration entre parents et enfants soit basée sur le respect mutuel, la communication ouverte, et l'éducation aux droits et devoirs.

Les parents doivent se rappeler que l'éducation n'est pas un processus unidirectionnel où l'adulte impose des règles et des connaissances à l'enfant. Au contraire, une approche collaborative permet non seulement de renforcer les liens familiaux, mais aussi de préparer l'enfant à devenir un acteur responsable et engagé dans la société.

L'importance de la communication ouverte :

Une **communication ouverte et bienveillante** est la pierre angulaire d'une collaboration fructueuse entre parents et enfants. Dans de nombreuses familles, le manque de dialogue peut créer des incompréhensions, des frustrations, et des conflits. Pour éviter cela, il est essentiel que les parents créent un environnement où leurs enfants se sentent à l'aise pour exprimer leurs idées, leurs préoccupations, et leurs sentiments sans crainte de jugement ou de réprimande mais bien évidemment dans le respect car tout ne se dit pas.

Écouter activement les enfants : Les enfants, tout comme les adultes, ont besoin de se sentir écoutés et compris. L'écoute active, c'est-à-dire écouter sans interrompre, avec une attention pleine et bienveillante, est un outil puissant pour renforcer la communication. Lorsque les parents prennent le temps d'écouter activement leurs enfants, ceux-ci se sentent valorisés et respectés, ce qui renforce leur confiance en eux et leur capacité à communiquer de manière efficace ainsi ils peuvent même comprendre certaines difficultés par lesquels les enfants passent.

Expliquer les règles et les décisions : Les enfants sont plus enclins à respecter les règles lorsqu'ils comprennent pourquoi elles existent. Plutôt que d'imposer des décisions de manière autoritaire, les parents peuvent expliquer les raisons derrière certaines règles ou attentes. Par exemple, expliquer pourquoi il est important de respecter les horaires de coucher ou de participer aux tâches ménagères aide l'enfant à comprendre les enjeux de la vie en communauté.

Favoriser les discussions familiales : Les discussions régulières en famille sont un excellent moyen de renforcer la collaboration entre parents et enfants. Ces moments peuvent être consacrés à la planification des activités familiales, à la résolution de problèmes, ou simplement à l'expression des sentiments de chacun. Ils offrent une opportunité pour les enfants de s'exprimer librement et de participer activement à la vie familiale, tout en apprenant à écouter les autres et à respecter les opinions différentes.

Ce que les parents et les enfants peuvent faire pour une meilleure collaboration

Ce que les parents peuvent faire c'est de transmettre à leurs enfants la compréhension des **droits et devoirs** qui régissent la vie en société. Ce n'est pas une tâche facile, mais elle est cruciale pour préparer les enfants à devenir des citoyens responsables et respectueux des autres.

Expliquer les concepts de droits et devoirs : Dès leur plus jeune âge, les enfants peuvent commencer à comprendre la notion de droits et de devoirs. Par exemple, les parents peuvent expliquer que tout enfant a le droit d'être respecté et de s'exprimer, mais qu'il a aussi le devoir de respecter les autres et d'écouter leurs points de vue. Ces notions peuvent être introduites dans des contextes simples, comme les disputes entre frères et sœurs, pour montrer que chaque personne a des droits, mais que ces droits doivent coexister avec ceux des autres. Tout en montrant l'exemple.

Encourager l'autonomie et la responsabilité : En grandissant, il est important que les enfants prennent progressivement plus de responsabilités au sein de la famille. Cela peut commencer par des tâches simples, comme aider à mettre la table ou ranger leur chambre, puis évoluer vers des responsabilités plus importantes, comme gérer leur emploi du temps ou prendre soin d'un animal domestique. En confiant des responsabilités à leurs enfants, les parents leur montrent qu'ils sont capables et dignes de confiance, tout en leur enseignant que les droits s'accompagnent toujours de devoirs.

Créer un cadre de collaboration basé sur le respect

Le respect est un pilier fondamental dans la relation entre parents et enfants. Ce respect doit être réciproque : les parents doivent respecter les besoins, les opinions, et les sentiments de leurs enfants, tout comme les enfants doivent apprendre à respecter leurs parents et les règles familiales.

Établir des règles justes et cohérentes : Les règles familiales doivent être claires, justes, et appliquées de manière cohérente. Les enfants sont plus enclins à respecter les règles lorsqu'elles sont perçues comme équitables et qu'elles sont expliquées de manière logique. Par exemple, si un enfant comprend que la règle de ne pas jouer avec des objets dangereux est là pour sa sécurité, il sera plus enclin à la respecter.

Résoudre les conflits de manière constructive : Les conflits sont inévitables dans toute relation, y compris entre parents et enfants. L'important n'est pas d'éviter les conflits, mais de les résoudre de manière constructive. Les parents peuvent jouer un rôle de médiateurs en encourageant la discussion et en aidant leurs enfants à comprendre les points de vue des autres. Cela aide les enfants à développer des compétences en résolution de conflits, qu'ils utiliseront plus tard dans la vie.

L'importance de la coopération pour une société plus respectueuse

La coopération entre enfants et parents ne se limite pas à la famille ; elle prépare les enfants à coopérer avec les autres dans la société. En apprenant à travailler ensemble avec leurs parents, les enfants acquièrent des compétences sociales essentielles, telles que la **communication**, le **compromis**, et la **collaboration**, qui leur seront utiles tout au long de leur vie.

Apprendre à coopérer dans les tâches familiales : L'une des meilleures façons d'enseigner la coopération est de faire participer les enfants aux tâches domestiques. Travailler ensemble en famille pour accomplir des tâches comme le nettoyage, la préparation des repas, ou même l'organisation de sorties permet aux enfants de comprendre l'importance du travail d'équipe. Cela les aide également à se sentir inclus et à développer un sens des responsabilités envers les autres membres de la famille.

Encourager la coopération à l'école et dans les activités sociales : Les parents doivent encourager leurs enfants à coopérer avec leurs camarades à l'école, dans les équipes sportives, ou dans les activités de groupe. La coopération est une compétence cruciale dans une société où les individus doivent travailler ensemble pour atteindre des objectifs communs. En valorisant l'importance de la collaboration, les enfants apprennent à respecter les contributions des autres et à travailler ensemble de manière constructive.

Une vision partagée pour l'avenir

Pour construire une société plus respectueuse des droits de chacun, il est essentiel que parents et enfants travaillent ensemble à la création d'une **vision partagée** pour l'avenir. Les parents ont la responsabilité d'inculquer à leurs enfants des valeurs telles que le respect, l'empathie, et la justice, tandis que les enfants ont le devoir d'écouter et de respecter les parents, en apprenant ces valeurs, ils deviennent des citoyens engagés et conscients de leur rôle dans la société.

Préparer les enfants à être des citoyens actifs : Enfin, la collaboration entre parents et enfants doit aller au-delà des frontières familiales pour encourager les enfants à s'impliquer activement dans leur communauté. Que ce soit à travers des projets scolaires, des activités bénévoles, ou des discussions sur des sujets sociaux, les enfants doivent être encouragés à prendre conscience de leur rôle dans la société et à agir pour le bien commun.

En encourageant la collaboration entre parents et enfants, nous contribuons à la construction d'une société plus juste, où chacun comprend l'importance de ses droits et de ses devoirs. Ce processus commence à la maison, mais ses effets se répercutent bien au-delà, dans la société tout entière.

Chapitre 14 :
Quelques dates importantes pour les journées internationales dédiées aux droits de l'enfant.

Les droits des enfants représentent un ensemble de principes visant à garantir aux plus jeunes un environnement sain, sur et respectueux de leur besoin fondamental.

Diverses journées internationales sont dédiées à la sensibilisation et à la promotion de ses droits, avec pour objectif de rappeler l'importance de la protection, de l'éducation, et du bienêtre des enfants à travers le monde. Ces journées constituent des moments clés pour mobiliser les gouvernements, les organisations et le grand public en faveur des droits de l'enfant en abordant des sujets variés comme la lutte contre le travail des enfants, la protection des orphelins et la promotion de l'égalité entre les genres.

Les journées internationales dédiées aux droits des enfants sont principalement les suivantes :

1. Journée internationale des droits de l'enfant – 20 novembre

Cette journée aussi appelée journée mondiale de l'enfance, commémore l'adoption de la convention relative aux droits de l'enfant par l'assemblée générale des nations unies en 1989. Elle est consacrée à la sensibilisation et à la promotion des droits des enfants comme l'éducation, la protection, et le bien été de l'enfant.

2. Journée mondiale contre le travail des enfants – 12juin

Proclamée par l'organisation internationale du travail (OIT), cette journée vise à sensibiliser le public aux effets dévastateurs du travail des enfants dans le monde et à encourager des actions pour l'éradiquer.

3. Journée internationale des filles – 11 octobre

Institué par l'**ONU**, cette journée met l'accent sur les droits des filles, en particulier contre les discriminations et les violences spécifiques qu'elles subissent, et promeut l'égalité des chances, notamment en matière d'éducation.

4. Journée mondiale de l'enfance (ou journée universelle de l'enfance) – 1 Juin

Cette journée, parfois confondu avec le 20 novembre, est aussi consacrée aux droits et au bienêtre des enfants dans certains pays. Elle est **souvent** marquée par des évènements festifs, éducatifs et de sensibilisation.

5. Journée mondiale des orphelins – Deuxième lundi de novembre

Bien que moins connue, cette journée vise à sensibiliser le public aux difficultés et aux droits des orphelins à travers le monde, en particulier leur droit à la protection et au soutien.

6. 16 juin : journée de l'enfant Africain -

Ces journées sont des occasions d'attirer l'attention du public et des gouvernements sur la situation des enfants dans le monde, et de rappeler l'importance de garantir leurs droits fondamentaux.

Chapitre 15 :
Éduquer à la citoyenneté dès l'enfance

L'éducation à la citoyenneté dès l'enfance est une démarche cruciale pour former des individus responsables, respectueux des droits et devoirs, et capables de contribuer positivement à la société. La citoyenneté n'est pas seulement un statut juridique, mais un ensemble de valeurs et d'attitudes qui permettent de vivre en harmonie dans une communauté. En enseignant aux enfants leurs droits, ainsi que les responsabilités qui en découlent, nous leur donnons les clés pour devenir des acteurs conscients et engagés de la société.

L'éducation à la citoyenneté commence dès les premiers apprentissages à la maison, puis se poursuit à l'école et dans la vie quotidienne. Ce chapitre aborde les différentes façons dont les parents et les éducateurs peuvent enseigner la citoyenneté aux enfants et leur montrer qu'ils ont un rôle à jouer dans la société dès leur plus jeune âge.

Qu'est-ce que la citoyenneté pour un enfant ?

La notion de citoyenneté peut sembler abstraite pour les jeunes enfants, mais elle repose sur des concepts simples et accessibles. La citoyenneté implique de comprendre ses droits et ses devoirs, de respecter les autres, de contribuer au bien commun et de prendre part à la vie collective.

Droits et devoirs : Les enfants doivent d'abord comprendre qu'ils ont des droits, comme celui d'être protégés, d'aller à l'école, et de s'exprimer. Mais chaque droit s'accompagne de devoirs, comme respecter les règles, aider les autres et prendre soin de leur environnement. L'éducation à la citoyenneté passe donc par l'apprentissage de cet équilibre entre droits et responsabilités.

Respect des autres : Être citoyen, c'est aussi respecter les autres. Cela signifie apprendre à partager, à coopérer, et à comprendre que chacun a des droits. Les enfants doivent comprendre que leurs actions peuvent avoir un impact sur les autres et que la vie en société repose sur la réciprocité et l'empathie.

Contribuer à la société : Même à un jeune âge, les enfants peuvent commencer à comprendre qu'ils font partie d'une communauté plus large que la famille et l'école. Ils peuvent être encouragés à participer à des projets collectifs, à prendre soin des espaces publics, ou à aider leurs camarades. Cela leur permet de se sentir impliqués dans la société et de comprendre qu'ils peuvent faire une différence. Ceci est le devoir d'un bon citoyen.

Le rôle des parents dans l'éducation à la citoyenneté

Les parents jouent un rôle central dans l'éducation à la citoyenneté. C'est dans le cadre familial que les enfants apprennent les premières notions de respect, de partage et de responsabilité. Voici quelques moyens concrets par lesquels les parents peuvent enseigner la citoyenneté à leurs enfants.

Montrer l'exemple : Les enfants observent et imitent les comportements de leurs parents. Si les parents respectent les lois, sont bienveillants envers les autres, et participent à la vie collective, les enfants auront tendance à adopter les mêmes comportements. L'exemplarité est donc un outil puissant pour inculquer les valeurs citoyennes.

Favoriser la participation aux décisions familiales : Impliquer les enfants dans certaines décisions familiales, comme le choix des activités du week-end ou l'organisation des tâches ménagères, leur apprend à exprimer leurs opinions tout en écoutant celles des autres. Cela leur montre que la participation est un aspect clé de la vie en communauté et que chaque voix compte.

Encourager la responsabilité : Confier des petites responsabilités à la maison, comme ranger leurs affaires, aider à préparer les repas, ou s'occuper d'un animal de compagnie, apprend aux enfants qu'ils ont un rôle à jouer dans la gestion de la maison. Cette prise de responsabilité peut ensuite être transposée à d'autres contextes, comme l'école ou la communauté.

Encourager le respect des règles Les enfants doivent savoir que que les règles existent pour garantir le bien-être de tous. Respecter les règles de la maison, de l'école ou de la société est un principe fondamental de la citoyenneté. Cela inclut des gestes simples comme respecter les feux de signalisation, ne pas jeter des déchets dans la rue, ou suivre les consignes à l'école.

Le rôle de l'école dans la formation à la citoyenneté

L'école est un lieu privilégié pour apprendre la citoyenneté. En plus de transmettre des connaissances académiques, l'école enseigne des compétences sociales essentielles comme la coopération, le respect des différences, et la participation à la vie collective. Les enfants doivent savoir que, le fait d'être un bon citoyen est un plus pour la société, car cela permet de vivre dans un milieu social cohérent et harmonieux.

Les règles de la classe : Les règles de la classe sont une première introduction aux lois et aux règlements qui régissent la société. En respectant les consignes des enseignants, en participant aux activités de groupe et en respectant leurs camarades, les enfants apprennent à vivre en communauté. Il est important que les enseignants expliquent aux élèves pourquoi ces règles existent et comment elles contribuent à créer un environnement où chacun peut s'épanouir.

Les projets collectifs : Les activités de groupe à l'école, comme les projets en classe, les événements sportifs ou les pièces de théâtre, sont autant d'occasions pour les enfants d'apprendre la coopération et la solidarité. Travailler ensemble pour atteindre un objectif commun les aide à comprendre que la réussite collective dépend de l'implication de chacun.

L'éducation civique : À mesure que les enfants grandissent, l'éducation civique devient une partie intégrante de leur apprentissage. Ils apprennent à connaître les institutions de leur pays, les droits et devoirs des citoyens, et les principes de la démocratie. Cela les aide à comprendre leur place dans la société et leur rôle futur en tant que citoyens actifs.

Encourager la participation active des enfants

L'une des meilleures façons d'éduquer à la citoyenneté est de donner aux enfants des occasions de **participer activement** à la société. Cela leur permet de comprendre concrètement ce que signifie être citoyen et d'acquérir des compétences sociales et civiques importantes.

Participer à des activités de volontariat : Même les jeunes enfants peuvent être impliqués dans des activités bénévoles, comme ramasser des déchets dans un parc, aider à une collecte de fonds, ou participer à des projets communautaires. Ces expériences leur apprennent l'importance du service et du bien commun, tout en leur donnant un sentiment de fierté et d'accomplissement.

Impliquer les enfants dans les décisions communautaires : Certaines villes ou écoles mettent en place des conseils d'enfants ou des parlements de jeunes, où les élèves peuvent exprimer leurs idées et participer aux décisions qui concernent leur environnement. Ces initiatives permettent aux enfants de comprendre le fonctionnement démocratique et de se sentir écoutés et valorisés dans la société.

Encourager la prise de parole : Les parents et les enseignants doivent encourager les discussions et les débats constructifs, où les enfants peuvent partager leurs idées sur des sujets qui les concernent, comme l'environnement, la justice ou l'égalité.

Les outils pour éduquer à la citoyenneté dès l'enfance

Éduquer à la citoyenneté dès l'enfance demande l'utilisation d'une variété d'outils et de méthodes pour rendre ces concepts accessibles et pertinents pour les enfants. Voici quelques exemples de stratégies et d'activités qui peuvent être mises en place pour enseigner la citoyenneté de manière engageante.

Les jeux de rôle : Les jeux de rôle permettent aux enfants de se mettre à la place des autres et de comprendre les enjeux liés à la vie en société. Par exemple, ils peuvent simuler un conseil municipal où chacun joue un rôle différent (le maire, les citoyens, les représentants d'associations) et débattre de projets pour améliorer leur communauté.

Les débats : Les débats en classe ou à la maison sont une manière dynamique de discuter de questions sociales et d'apprendre à argumenter de manière respectueuse. Les sujets peuvent être simples, comme la protection de l'environnement ou les règles à l'école, mais ils permettent aux enfants de développer leur esprit critique et d'apprendre à défendre leurs points de vue.

Les histoires, livres films : Les histoires sont un excellent moyen d'introduire les notions de citoyenneté, de justice, et de droits comme le faisait certains de nos grands-parents. Il existe de nombreux livres et films pour enfants qui abordent ces thèmes de manière adaptée à leur âge, en mettant en scène des personnages qui luttent pour leurs droits ou qui participent à la vie de leur communauté.

Les affiches publicitaires : Les affiches publicitaires, comme la création de posters ou de cartes, peuvent aussi être utilisées pour sensibiliser les enfants à des questions citoyennes. Par exemple, ils peuvent créer des affiches pour encourager le respect de l'environnement ou dessiner des cartes qui illustrent les droits des enfants. Ces activités permettent d'apprendre en s'amusant tout en encourageant la réflexion sur des sujets importants.

Le rôle de la technologie dans l'éducation à la citoyenneté

La technologie offre de nombreuses opportunités pour enseigner la citoyenneté de manière interactive et ludique vue comment le monde évolue.

Les jeux éducatifs : De nombreux jeux en ligne sont conçus pour enseigner des notions civiques aux enfants, comme la gestion d'une ville, la prise de décision démocratique, ou l'importance du respect des lois. Ces jeux permettent aux enfants d'apprendre tout en s'amusant, et de comprendre comment leurs actions peuvent influencer leur communauté.

Les réseaux sociaux : À mesure que les enfants grandissent et commencent à utiliser les réseaux sociaux, il est important de leur enseigner la **citoyenneté numérique**. Cela inclut le respect des autres en ligne, la protection de leur vie privée, et la participation à des discussions constructives. Les parents doivent être vigilants et accompagner leurs enfants dans leur usage des technologies pour s'assurer qu'ils les utilisent de manière responsable et respectueuse.

L'éducation à la citoyenneté dès l'enfance est un processus continu qui nécessite l'implication des parents, des enseignants et de la communauté. En inculquant aux enfants le respect des droits et des devoirs, ainsi que l'importance de la participation active à la société, nous les préparons à devenir des citoyens responsables, engagés et respectueux des autres. Ce travail commence dès la maison et continue tout au long de la vie scolaire et au-delà.

Conclusion générale
Vers une société de citoyens conscients et engagés

Le parcours que j'ai tracé à travers ce livre est bien plus qu'une simple exploration des droits et devoirs des enfants. C'est une invitation à repenser la manière dont les parents, éducateurs, et membres de la société, pourront façonner la prochaine génération de citoyens. Nous enfants, aujourd'hui porteurs des rêves de demain, ont besoin de bases solides, non seulement pour comprendre nos droits, mais aussi pour intégrer profondément la notion de devoirs. Ce sont ces mêmes devoirs qui, en harmonie avec nos droits, nous permettrons de construire une société plus juste, plus équitable et plus respectueuse.

En écrivant ce guide, il est apparu de manière claire que l'éducation aux droits et devoirs des enfants ne se limite pas à l'acquisition de connaissances théoriques. Il s'agit d'une véritable **transformation sociale**, où chaque individu, dès son plus jeune âge, apprend à trouver sa place dans la communauté tout en respectant les autres. Ce processus est au cœur de l'évolution de toute société moderne qui aspire à la paix, à la justice et au respect mutuel. Nous avons vu, au fil des chapitres, comment les notions de respect, de responsabilité, et d'autonomie se tissent ensemble pour former un tissu social solide. Mais tout cela commence chez l'enfant, et l'éducation parentale joue un rôle primordial dans cette mission.

Ainsi,

Les parents, en tant que premiers guides des enfants, détiennent les clés d'une éducation réussie aux droits et devoirs. Ils sont les premiers modèles auxquels les enfants se réfèrent. Leur manière de se comporter, de parler, et de respecter les règles influence profondément les comportements futurs des enfants. **La collaboration entre parents et enfants**, abordée dans les derniers chapitres, est fondamentale pour inculquer les valeurs de citoyenneté dès le plus jeune âge. Cette relation collaborative ne se construit pas uniquement à travers des règles imposées, mais surtout à travers l'écoute, l'échange, et le dialogue.

L'un des aspects les plus importants que nous avons explorés est la manière dont les parents peuvent **créer un environnement propice à l'épanouissement des enfants** tout en leur enseignant la responsabilité. Que ce soit à travers des tâches ménagères, des responsabilités scolaires ou des engagements sociaux, les enfants doivent comprendre que chaque privilège s'accompagne d'une responsabilité. Cette notion est souvent difficile à assimiler pour les jeunes enfants, mais elle peut être introduite progressivement, à travers des exemples concrets du quotidien. C'est en participant activement à la vie familiale, à la gestion de la maison et à la prise de décision que les enfants apprennent la véritable valeur de leurs actions.

Les enseignants, quant à eux, jouent un rôle complémentaire. Ils sont en première ligne pour inculquer des principes tels que la **justice, l'équité et la coopération** dans le cadre scolaire. L'école est un microcosme de la société où les enfants testent et affinent les leçons apprises à la maison. C'est dans cet environnement qu'ils apprennent à vivre avec les autres, à respecter les différences, et à comprendre que leurs actions ont des conséquences. La collaboration entre parents et enseignants est donc essentielle pour garantir que les messages sur les droits et devoirs soient cohérents et renforcés des deux côtés.

Une éducation fondée sur le respect mutuel

Tout au long de ce livre, un fil conducteur émerge : celui du **respect mutuel**. Les droits et devoirs des enfants ne peuvent être compris que dans le cadre d'une éducation qui valorise le respect de l'autre. Les enfants doivent non seulement apprendre à revendiquer leurs droits, mais aussi à reconnaître et respecter ceux des autres. Cette leçon est essentielle pour créer une société où chacun se sent valorisé et respecté, quelles que soient ses origines, sa culture, ou ses croyances.

Le respect commence par des gestes simples, mais puissants. Par exemple, respecter le droit à la parole des autres, même si l'on n'est pas d'accord, est une compétence précieuse dans la société. De même, apprendre à respecter les biens communs, comme les parcs, les écoles, et les espaces publics, est une manière de montrer que l'on prend soin de la communauté dans son ensemble. C'est en enseignant ces valeurs dès l'enfance que nous formons des citoyens capables de vivre ensemble dans le respect et la solidarité.

Vers une société plus juste et équitable

L'une des ambitions de ce livre était de **contribuer à la création d'une société plus juste**. Cette justice ne peut exister que si chaque individu, dès l'enfance, comprend que la jouissance de ses droits va de pair avec le respect des devoirs. Nous avons vu que dans certaines sociétés, les droits des enfants sont souvent négligés ou violés, ce qui entraîne des déséquilibres sociaux profonds. Pourtant, il est possible de changer cette réalité en éduquant les enfants à devenir des acteurs du changement.

Les enfants qui grandissent en comprenant l'importance de la justice sociale et du respect des lois sont mieux armés pour lutter contre les inégalités, défendre les plus vulnérables, et contribuer à un monde plus solidaire. Cela passe par des actions concrètes, comme s'engager dans des activités bénévoles, respecter les règles de la société, et apprendre à utiliser sa voix pour défendre ses convictions. C'est en éduquant les enfants à la citoyenneté dès leur jeune âge que nous les préparons à devenir des leaders de demain, capables de construire des sociétés plus justes.

Une éducation continue et évolutive

Enfin, il est crucial de rappeler que l'éducation aux droits et devoirs est un **processus continu**. Ce n'est pas un apprentissage qui s'arrête lorsque l'enfant atteint l'âge adulte, mais plutôt un chemin qui évolue tout au long de la vie. Les parents doivent accompagner leurs enfants à chaque étape de leur développement, ajustant les leçons en fonction de l'âge et de la maturité de l'enfant. À mesure que les enfants grandissent, ils sont confrontés à de nouveaux défis et à de nouvelles responsabilités, et il est essentiel que l'éducation continue d'adresser ces réalités changeantes.

De plus, chaque génération apporte son lot de changements sociaux, politiques, et économiques. Les droits et devoirs évoluent avec le temps, et il est important d'aider les enfants à comprendre que la citoyenneté est un concept dynamique. Ce qui est vrai aujourd'hui peut ne plus l'être demain, et il est essentiel d'adopter une attitude ouverte et proactive face aux changements. Former des citoyens capables de s'adapter aux nouvelles réalités du monde est l'un des plus grands défis, mais aussi l'une des plus grandes réussites de l'éducation à la citoyenneté.

Un futur prometteur entre les mains des enfants

Alors que nous arrivons à la fin de ce livre, il est important de souligner l'espoir qu'il faut placer dans les enfants d'aujourd'hui. Leur capacité à comprendre et à intégrer les notions de droits et de devoirs est la clé pour un avenir meilleur. En les éduquant à la citoyenneté, ils auront les outils pour naviguer dans un monde complexe, pour faire entendre leurs voix et pour contribuer à une société plus respectueuse, plus juste, et plus équitable.

Ce livre n'est qu'un début, une base sur laquelle bâtir un futur prometteur pour les enfants et pour les générations à venir. L'éducation aux droits et devoirs est un acte de foi en l'humanité, un engagement à transmettre des valeurs qui perdureront bien après nous. Ensemble, en tant que parents, enseignants, et membres de la société, vous avez le pouvoir de guider les enfants vers ce futur lumineux et rempli de promesses.

TABLE DES MATIÈRES

Remerciements 7

Dedicace 9

Introduction 15

Chapitre 1 :
Comprendre les droits de l'enfant 21

Chapitre 2 :
Les devoirs de l'enfant envers la société 27

Chapitre 3 :
Le droit à l'éducation et le devoir d'apprendre 33

Chapitre 4 :
Droits à la protection et devoir de respecter les lois 37

Chapitre 5 :
Le respect des autres et de leurs droits 43

Chapitre 6 :
Le rôle des parents dans la défense des droits
des enfants 49

Chapitre 7 :
Quelques organisations et institutions qui protègent
les droits des enfants 55

Chapitre 8 :
Droits et devoirs à la maison : L'importance de contribuer 61

Chapitre 9 :
Équilibre entre droits et devoirs pour un épanouissement complet 69

Chapitre 10 :
Les défis de la protection des droits de l'enfant dans certaines sociétés 75

Chapitre 11 :
Guide pratique pour les parents : Comment protéger les droits des enfants 81

Chapitre 12 :
Les droits des enfants dans la vie quotidienne 91

Chapitre 13 :
La collaboration entre enfants et parents pour une meilleure société 97

Chapitre 14 :
Quelques dates importantes pour les journées internationales dédiées aux droits de l'enfant. 103

Chapitre 15 :
Éduquer à la citoyenneté des l'enfance 105

Conclusion générale
Vers une société de citoyens conscients et engagés 113

Structures éditoriales du groupe L'Harmattan

L'Harmattan Italie
Via degli Artisti, 15
10124 Torino
harmattan.italia@gmail.com

L'Harmattan Hongrie
Kossuth l. u. 14-16.
1053 Budapest
harmattan@harmattan.hu

L'Harmattan Sénégal
10 VDN SICAP AMITIE 3
BP 45034 Dakar-Fann
direction@senharmattan.com

L'Harmattan Cameroun
Tsinga/Derrière polyclinique FECAFOOT
BP 11486 Yaoundé
Jacques.koukam@harmattan.fr

L'Harmattan Burkina Faso
Villa 281, secteur 23 623, rue 14.32
Ouagadougou
zagbie@outlook.fr

L'Harmattan Guinée
Almamya, rue KA 028 OKB Agency
BP 3470 Conakry
harmattanguinee@yahoo.fr

L'Harmattan RDC
185, avenue Nyangwe
Commune de Lingwala – Kinshasa
matangilamusadila@yahoo.fr

L'Harmattan Congo
219, avenue Nelson Mandela
BP 2874 Brazzaville
deunovmikhael@gmail.com

L'Harmattan Mali
Immeuble Mgr Jean Marie Cissé
Aci Hamadallaye
BP 145 Bamako
syllaka@yahoo.fr

L'Harmattan Togo
Djidjole – Maison Amela
face EPP BATOME
02 BP 20680 Lomé
didieramela11@gmail.com

L'Harmattan Côte d'Ivoire
Résidence Karl – Cité des Arts
Abidjan-Cocody
03 BP 1588 Abidjan
harmattan.ivoire@gmail.com

L'Harmattan Bénin
Rue 604, (Immeuble à l'entrée
de la rue UCAO- Cite de Saint-Jean)
Cotonou
stepcorpus@gmail.com

Nos librairies en France

Librairie internationale
16, rue des Écoles
75005 Paris
librairie.internationale@harmattan.fr
01 40 46 79 11
www.librairieharmattan.com

Librairie des savoirs
21, rue des Écoles
75005 Paris
librairie.sh@harmattan.fr
01 46 34 13 71
www.librairieharmattansh.com

www.ingramcontent.com/pod-product-compliance
Lightning Source LLC
LaVergne TN
LVHW051401061026
849535LV00009B/3297